台湾語が1週間でいとも簡単に話せるようになる本

はじめに

Dà jiā hǎo
大家好！（皆さん、こんにちは！）

近年、「料理がおいしい、安い、近い、人が優しい」などの理由で台湾観光が空前の大ブームです。一度訪ねたら、どこか懐かしい雰囲気に癒され、また訪ねてみたくなる台湾。

本書は「台湾のことをもっと知りたい」「もっと知ったらもっと楽しくなるはず」「台湾の友達ともっとコミュニケーションを取りたい」という初心者のための本です。

７日間に渡り、文字、発音、基本の言葉、基本構文、動詞の使い方、疑問文など、台湾華語や台湾語の基本を学習していきましょう。

今までのシリーズと同様に、本書では台湾華語と台湾語の例文を併記し、それぞれピンインと教会ローマ字、そして、カタカナ読みをつけています。台湾華語も台湾語も声調が大事なので、カタカナをそのまま発音するだけでは通じないことがあるかもしれません。あくまで参考程度になさってください。

音声は台湾人が話している普通のスピードです。繰り返し聞いて、発音・リズムに慣れていくことをおすすめします。

コラムでは、台湾華語と台湾語の違いや、台湾人の名前などを紹介しました。学習の合い間の気分転換になればと思います。

2003年発行の『はじめての台湾語』に始まり、『絵でわかる台湾語会話』『台湾語のスラング表現』『台湾語会話フレーズブック』『たったの72パターンでこんなに話せる台湾語会話』（明日香出版社）を経て、本書は台湾語（＝台湾で使われている主な言葉、華語＋台語）シリーズの6作目となりました。ひとえに台湾ラブの読者のおかげです。

Xiè xie dà jiā
謝謝大家！（皆さん、ありがとうございます！）

趙 怡華（Chao Yihua）
y2327886@hotmail.com

目　次

はじめに
本書の構成、音声について
・台湾について
・台湾語について
・台湾華語について
・台湾語と台湾華語

1日目　台湾語と台湾華語について

1　文字について ------------------------------ 18
　　☆　台湾の繁体字、中国の簡体字
2　発音記号について ---------------------- 20
　　☆　台湾の注音符号、中国のピンイン
3　発音について（1） --------------------- 24
　　☆　台湾語の発音
4　発音について（2） --------------------- 26
　　☆　台湾華語の発音
5　基本の言葉（1）人称代名詞 ---------------- 28
6　基本の言葉（2）指示代名詞 ---------------- 30
7　基本の言葉（3）疑問詞 ------------------- 32
8　基本の言葉（4）数字 --------------------- 34
9　基本の言葉（5）よく使う形容詞 ------------ 36
10　基本の言葉（6）よく使う動詞 ------------- 37

●基礎知識 1　　台湾華語（台湾語）、上達するための3つのポイント
●コラム 1　　　日本語や外来語に由来する表現

2日目　基本構文（1）

1 「〜は〜です」（1） ---------------------------------- 44

2 「〜は〜です」（2） ---------------------------------- 46

3 「〜は〜です」（3） ---------------------------------- 48

4 「〜は〜ではありません」（1） ----------------- 50

5 「〜は〜ではありません」（2） ----------------- 52

●基礎知識2　台湾語、台湾華語の丁寧な言い方
●コラム2　　台湾人に多い名字

3日目　基本構文（2）

1 「〜があります」（1） -------------------------------- 60

2 「〜があります」（2） -------------------------------- 62

3 「〜がありません」 ------------------------------------ 64

4 「〜にいます」「〜にあります」 --------------- 66

5 「〜がほしいです」 ---------------------------------- 68

6 「〜したいです」 -------------------------------------- 70

7 「〜しなければなりません」 ---------------------- 72

8 「〜をください」 -------------------------------------- 74

●基礎知識3　台湾華語の三大動詞「是」「有」「在」のまとめ
●コラム3　　台湾人の名前に由来する「ニックネーム」のつけ方

4日目　　時制の表し方

1　「〜しています」 -- 82

2　「〜していません」 -- 84

3　「〜しました」 -- 86

4　「〜しませんでした」 -------------------------------------- 88

5　「もう〜しました」 --- 90

6　「まだ〜していません」 --------------------------------- 92

7　「〜したことがあります」 ----------------------------- 94

8　「〜したことがありません」 ------------------------- 96

●基礎知識4　台湾華語の過去、現在、未来
●コラム4　　台湾人は英語の名前を持っている⁉

5日目　　疑問文

1　「〜ですか？」(1) -- 104

2　「〜ですか？」(2) -- 106

3　「何？」 -- 108

4　「誰？」 -- 110

5　「どこ？」 --- 112

6　「何時？」 --- 114

7　「どう？」 --- 116

8　「なぜ？」 --- 118

●基礎知識5　反復疑問文の作り方
　　　　　　　台湾華語に「はい」と「いいえ」はない⁉
●コラム5　　いろいろな数量詞
　　　　　　　「トイレ」の言い方

6日目　可能・許可・依頼を表す文

1 「～できます」(1) ---------------------------------- 126

2 「～できます」(2) ---------------------------------- 128

3 「～できます」(3) ---------------------------------- 130

4 「～できます」(4) ---------------------------------- 132

5 「～してください」 -------------------------------- 134

●基礎知識6　台湾華語の3つの「できる」
　　　　　　　「會」「能」「可以」のまとめ
●コラム6　　　台湾華語で自己紹介の例

7日目　会話　実践編

1 あいさつ① ------------------------------------- 142

2 あいさつ② ------------------------------------- 144

3 あいさつ③ ------------------------------------- 146

4 あいさつ④ 148

5 お礼、おわび ---------------------------------- 150

6 食事をする時① -------------------------------- 152

7 食事をする時② -------------------------------- 154

8 お酒を飲む時 156

9 交通機関を利用① ------------------------------ 158

10 交通機関を利用② ------------------------------ 160

11 交通機関を利用③ ------------------------------ 162

　　★地名の読み方 ---------------------------------- 164

12 電話をかける、受ける --------------------------- 166

13 街へ出かける 168

14 友達になる、恋人になる① ---------------------------- 170

15 友達になる、恋人になる② ---------------------------- 172

16 病気の時① -- 174

17 病気の時② -- 176

●基礎知識7 「中国語」「北京語」「漢語」「普通話」「華語」とは？
●コラム7 　台湾華語と北京語

＜付録＞　基本単語

1 空港で	15 時を表す言葉（1）
2 駅で	16 時を表す言葉（2）
3 乗り物	17 時間
4 お金関係	18 月
5 街	19 日にち
6 方向、位置	20 曜日、四季
7 ホテルで	21 人を表す言葉
8 身の回りの物	22 職業
9 食事	23 家族（1）
10 味	24 家族（2）
11 食べ物（1）	25 体、顔
12 食べ物（2）	26 病気、トラブル、災害
13 飲み物	27 領収書・伝票などで使われる文字
14 長さ・量・距離など	

音声について

下記を収録しています。

1日目

pp28 ～ 37 の「基本の言葉」

「人称代名詞」「指示代名詞」「疑問詞」「数字」「よく使う形容詞」「よく使う動詞」の各単語を「日本語→台湾語→台湾華語」の順に読んでいます。

2～6日目

それぞれ「基本フレーズ」の例文（台湾華語）→日本語の順に読み、「基本構文を使って言ってみよう」の例文を「日本語→台湾語→台湾華語」の順に読んでいます。

7日目

各シーンのフレーズを「日本語→台湾語→台湾華語」の順に読んでいます。

明日香出版社のホームページにアクセスして音声データ（mp3 形式）をダウンロードしてください。
パソコン、携帯端末で聞くことができます。
https://www.asuka-g.co.jp/dl/isbn978-4-7569-2355-4

※本書は『CD BOOK 台湾語が1週間でいとも簡単に話せるようになる本』(2017年発行) の音声をダウンロードできるようにしたものです。

※音声の再生には mp3 ファイルを再生できる機器などが必要です。ご使用の機器、音声再生ソフトなどに関する技術的なご質問はメーカーにお願いいたします。音声ダウンロードサービスは予告なく終了することがあります。

※図書館ご利用者も音声をダウンロードしてご使用できます。

※本書の内容、音声に関するお問い合わせは弊社ホームページからお願いいたします。

1　台湾について

●台湾の人口構成

　台湾は、日本の九州とほぼ同じ面積で、2016 年の総人口は約3600 万人です。

　人口は、主に 4 つのエスニック・グループ、「**本省人** (Běn shěng rén)」(70%)、「**外省人** (Wài shěng rén)」(13%)、「**客家人** (Kè jiā rén)」(15%)、「**原住民** (Yuán zhù mín)」(2%) によって構成されるとされていました。

　1949 年以降、中国大陸から台湾に移住してきた一代目の外省人は高齢化により総人口に占める割合が減る一方で、本省人が近年、中国大陸をはじめ、香港、東南アジアなどの人たちと結婚することで、5 つ目のエスニック・グループである「**新住民** (Xīn zhù mín)」の増加がめざましいと言われています。

●台湾で話されている言葉

　台湾社会には、公用語の「**台湾華語**」の他に、いくつもの言葉が存在しています。台湾華語とその他の言葉は、お互いに影響し合いながら常に変化を遂げる、まさに生きものです。

●「台湾語」と「台湾華語」

　台湾の公用語は「**台湾華語**」です。台湾人同士の間では、台湾の公用語（標準語）である「台湾華語」のことを「**國語** (Guó yǔ)」と言うのが一般的です。

　台湾の義務教育は 12 年制で、内政部が公開した 2015 年の統計によると、15 歳以上の台湾華語の識字率は 98.6 % です。
　最近では、母語教育と称して「台湾閩南語」「客家語」「原住民語」なども教育に取り入れていますが、教育やメディアでは「國語」が使用される割合が高いです。

　「台湾華語」の他に、台湾人の多くが日常生活で話す「**台湾語**」があります。台湾では「**台語** (Tái yǔ)」と言います。（※「河洛語」、「閩南語」という言い方をする人もいます。）　本書では便宜上、「台湾語」で説明を進めさせていただきます。

　統計によると、約 7 割の台湾人は台湾語ができると言われていますが、年齢や地域によって違います。地域では南に行くほど、年齢では上に行くほど、台湾語の使用率が高まるのを実感できます。

　ふだんの日常生活では、台湾華語と台湾語を混ぜて話す場面がよく見られます。テレビ、映画、インターネットなどでも台湾華語と台湾語が混じって登場するのが普通です。
　多くの台湾人は台湾華語と台湾語を操るバイリンガルです。家庭の背景によっては、更に「客家語」や「原住民語」、「広東語」、「上海語」なども話せるトリリンガルやマルチリンガルの人もいます。

2　台湾語について

「**台湾語**」は本来、福建省の南部で話されている閩南語から派生された変種であり、中国語という大きなグループの中では方言の一つとみなされています。台湾では「**台語** (Tái yǔ)」と言います。

●日本語の影響

かつて日本の統治下では、日本語が台湾社会に浸透し、終戦後、日本語に取って変わって「台湾華語」が公用語になりましたが、台湾社会から日本語が消え去ったわけではありません。

台湾を旅行していると、日本語で声をかけて来るお年寄りに遭遇した経験はありませんか？　台湾には、日本語を流暢に操る 70 代後半〜 90 代のお年寄りが多くいます。（「日本語世代」と呼ばれています。）

このように日本語の影響も強く受けている台湾語は、もはや本来の閩南語とはかけ離れた性格をもつようになったのでした。

日本語がそのまま使われている語彙が多いのも特徴です。
〈例〉「刺し身」「かばん」「たくあん」「わさび」など。

また、台湾語では家族の呼称が細かく分類されているのに、親族以外の年配の女性や男性の呼び名がありませんでした。
台湾語の「**歐里桑** (オリサン)」「**歐巴桑** (オバサン)」という表現は、日本語の「おじさん」「おばさん」を借用したと考えられます。

●台湾語の発音は日本語に近い？

　日本人が台湾語の発音を聞いて、日本語の発音にそっくりなのでビックリしたという話をよく聞きます。それもそのはず、日本語をそのまま取り入れて台湾語として使う表現が多いのです。

　イントネーションが若干違うものもありますが、通じないわけではありませんし、漢字の発音がほぼ同じのものも少なくありません。

　〈例〉「**先生**（センセイ）」「**世界**（セカイ）」「**意見**（イケン）」
　　　　「**便當**（ベンドン）」「**列車**（レッシャ）」など。

　世界が広くても、これだけ日本語を多用している言語が他にもあるでしょうか。逆に言えば、台湾語は日本人にとって親しみやすい言葉と思います。

●台湾語の訛り

　日本語にも、地方によって訛りがありますね。台湾語にも大きく分けて４つの訛りがあるとされています。

　「臺北腔（Tái běi qiāng）」（北訛り）

　「臺南腔（Tái nán qiāng）」（南訛り）

　「宜蘭腔（Yí lán qiāng）」（東訛り）

　「海口腔（Hǎi kǒu qiāng）」（台湾西部川の河口付近の訛り）

です。

　例えば「雞」（ニワトリ）の発音は、北訛りでは「koe」、南訛りでは「ke」と発音します。

3 台湾華語について

「**台湾華語**」は、台湾の公用語です。

台湾人同士の間では「台湾華語」のことを「**國語** (Guó yǔ)」と言うのが普通です。

本書では便宜上、台湾の公用語のことを「台湾華語」、中国語の公用語を「北京語」という言い方で説明させていただきたいと思います。

●若者に人気の台湾華語

近年の台湾のポップソングやトレンディドラマ、映画などの影響で、台湾華語の発音が甘くてマイルド、かわいくておしゃれだと、若者を中心に、ああいうしゃべり方をしたいと真似をする人が増え、巷に「台湾華語講座」までできたとか。

インターネットなどのバーチャルの世界では交流がもっと盛んです。台湾の若者の用語や表現をこぞって使用したがる傾向が見られます。

以前、台湾訛りだと揶揄されていた台湾華語ですが、時代の変化を感じます。

●台湾華語の漢字

台湾華語では、ほとんどの場合、一つの漢字には一つの発音しかありません。「破音字」といって、一つの漢字に2つ以上の発音がある場合もありますが、数はそれほど多くありませんので一度覚えてしまえば、あとは楽です。

●同音異義語

　台湾華語には同音異義語が多いです。同じ発音でも、声調が変われば漢字も変わりますし、意味も変わります。

　例えば「shui jiao」という発音に、違う声調をつけると、
　　shuǐ jiǎo〔三声＋三声〕…「**水餃**」（ギョウザ）
　　shuì jiào〔四声＋四声〕…「**睡覺**」（寝る）

　日本語にも「橋」と「箸」、「雨」と「飴」のように、読み方は同じでもイントネーションが違うものがありますね。

●変調の法則

　台湾華語では、三声が続くと発音しづらく、「三声＋三声」の場合、最初の三声が二声へ変調し、実際の発音は「二声＋三声」になるという法則があります。
　その有名な例はあいさつの「**你好**」（こんにちは）です。発音表記では「nǐ hǎo」〔三声＋三声〕ですが、実際の発音は「ní hǎo」〔二声＋三声〕になります。

　この変調の法則は、台湾華語のネイティブの人たちが変調を気にすることなく、自然と発音しやすいように身につけているものです。音声を聞いて、耳で慣れて発音をまねしてみてください。そのうち自然と発音が身につくはずですよ。

4 台湾語と台湾華語

　よく日本人の方から、
「台湾への転勤が決まったので、台湾語を覚えたい」
「台湾人の友達がほしいから、台湾語を教えてほしい」
というようなリクエストをいただきます。

　台湾でコミュニケーションの取れる言葉の意味であれば、通常は「**台湾華語**」を意味します。しかし、台湾華語だけではすべての会話の理解は難しいのです。
　台北市なら台湾華語だけでも困りませんが、台湾の南部に行けば行くほど「台湾語」に遭遇する確率も高くなりますので、南部に行く方は台湾語もある程度覚えておくとよいでしょう。

　本書のタイトルに用いた「台湾語」という表現は、台湾で使用されている言語という意味も込めて、便宜上、今までの姉妹作と同様に、台湾華語と台湾語を含むものです。

　本文では、台湾華語と台湾語をセットで紹介しています。本文での「台湾語」は、方言の「**台語** (Tái yǔ)」のほうです。少し紛らわしいかもしれませんが、ご理解と使い分けをしていただければ幸いです。

　言葉は時代と共に変化していくものです。いろいろな外来文化と融合しつつ、独自の文化を生み出してきた台湾。
　新しい言葉を学ぶことは新しい世界への扉を開くことです。本書を通じて、皆様の台湾への新しい扉を開く役割を担うことができれば、一著者としてこれ以上幸せなことはありません。

１日目

台湾語と
台湾華語について

☆ 台湾の繁体字、中国の簡体字

・・・ ポイント解説 ・・・・・・・・・・・・・・・・・・・・・・・・・・・・・・・・・・

　例えば、「**観光**」の場合、

　　台湾華語では　　　　　繁体字で　「**觀光**」、

　　中国の北京語では　　　簡体字で　「**观光**」、

と表記します。

　この例からもおわかりのように、一口に「漢字」と言っても、日本、台湾、中国では同じ場合もあれば、違う場合もあります。

＜繁体字・簡体字・日本語の漢字の対照表＞

繁体字	發	氣	傳	腦	劍	樂	廣	讓	樣	齊
簡体字	发	气	传	脑	剑	乐	广	让	样	齐
日本語	発	気	伝	脳	剣	楽	広	譲	様	斉

　繁体字は、台湾以外に香港、マカオ、中国の古典などで現在も幅広く使用されています。

●「繁体字」は画数が多くて大変？

　台湾の子供が小学校を卒業するまでに認識できる文字は約3000文字であるのに対し、中国はなんと約4800文字だということがある統計で判明しました。ちなみに日本の場合は約1000文字だそうです。

　台湾の大学生の識字量は約 5100 文字ですが、日常生活においては常用漢字は約 2300 文字程度であれば困らないそうです。

　漢字圏でない人はゼロから漢字を覚えるのが大変かもしれませんが、同じ漢字圏の日本人が繁体字を覚える場合、たとえ正確に書けなくてもほとんどの場合はなんとなく理解できるはずです。

　むしろ言葉がしゃべれなくても、漢字で筆談してなんとかコミュニケーションができたと、漢字圏ならではのお得な体験談もよく聞きます。

ミニ知識

　同じ漢字でも、日本語と台湾華語では意味がまったく違うものもあります。

★　「丈夫」(zhàng fū ザン フ)

　　（意味：夫、主人）

　　　ちなみに日本語の「丈夫」は、台湾華語では「結實」(jié shí) と言います。

★　「老婆」(lǎo pó ラウ ポー)

　　（意味：妻、女房）

　　　ちなみに日本語の「老婆、おばあさん」は、台湾華語では「老婆婆」(lǎo pó po) と言います。

☆ 台湾の注音符号、中国のピンイン

••• ポイント解説 •••••••••••••••••••••••••••••••••

　台湾華語や台湾語を勉強する時に、基本ステップとして発音記号を覚えることは必須です。

　発音記号は、台湾華語では「注音符号」を、中国の北京語では「拼音（ピンイン）」を使用します。

　　台湾華語　「**注音符号**」　　　　（ㄅㄆㄇㄈなど）
　　北京語　　「**拼音（ピンイン）**」　（bpmf など）

＜注音符号とピンインの対照表＞

声母（子音）						韻母				
						介音	母音			
ㄅ b	ㄉ d	ㄍ g	ㄐ j	ㄓ zh	ㄗ z	ㄧ y	ㄚ a	ㄞ ai	ㄢ an	ㄦ er
ㄆ p	ㄊ t	ㄎ k	ㄑ q	ㄔ ch	ㄘ c	ㄨ u	ㄛ o	ㄟ ei	ㄣ en	
ㄇ m	ㄋ n	ㄏ h	ㄒ x	ㄕ sh	ㄙ s	ㄩ ü	ㄜ e	ㄠ ao	ㄤ ang	
ㄈ f	ㄌ l			ㄖ r			ㄝ ie	ㄡ ou	ㄥ eng	

●注音符号は 37 個

　台湾では小学校から注音符号を習います。台湾で出版された辞書の多くは注音符号の順で配列されており、パソコンやスマートフォンなどで文字を入力する際に、多くの人は注音符号を使います。

　余談ですが、台湾ではカラオケで歌う曲を探す時、曲名の文字数、歌手の名前以外は注音符号の順で探すのが普通です。

●注音符号の位置

　注音符号は漢字の「右」側に位置し、「上から下へ」と配列するのが正しいやり方です。

　例えば、「日本」の場合は

$$
\text{日}^{\text{ㄖˋ}} \quad \text{または} \quad \text{日}^{\text{ㄖˋ}}\ \text{本}^{\text{ㄅㄣˇ}}
$$
$$
\text{本}^{\text{ㄅㄣˇ}}
$$

が、それぞれ縦書き、横書きの場合の注音符号の位置です。

　ところで、パソコン入力の場合、注音符号は横並びしかできませんので、

$$
\text{ㄖˋ}\quad\text{ㄅㄣˇ}
$$

のように入力します。これはあくまでも便宜上の表記方法にすぎません。

●注音符号を覚える必要がある？

　ピンインから学習を始めた方からよく聞かれます。「今さら注音符号を覚える必要があるの？」と。

　確かに、記号ですので暗記しか覚える術がなく、覚えるまでに時間がかかります。「ピンインがいい」とか、「注音符号のほうが優れている」とか、一概には言えません。

　もし台湾でずっと暮らして、なおかつ台湾人と密着した生活を送るのであれば、注音符号を覚えておいて損はなく、むしろなにかと便利なことも多いと思います。

　最初は発音記号を覚えるのが大変かもしれませんが、台湾華語も中国の北京語も、基本的には「一つの漢字には一つの発音」しかありませんので、一回覚えてしまえば、あとは実は楽です。

　「破音字」（一つの漢字に複数の発音があるもの）もありますが、数はそれほど多くありません。

　日本語のように「音読み、訓読み、重箱読み」「ひらがな、カタカナ」「拗音、長音、促音」、また、難読漢字や人名・地名によって読み方が違うなどもないので、むしろ楽なはずです。

ミニ知識

若者の間で流行った、新しい符号

・・・・・・・・・・・・・・・・・・・・・・・・・・・・・・・・・・・・・

★「囧（冏）」(jiǒng　ジョン)（意味：恥ずかしい）

例：**囧死了**。

Jiǒng sǐ le

（超恥ずかしい）

　日本の「orz」に近い意味で使われています。インターネットで若者に受けて流行りだした符号（文字？）です。本来の意味は「明るい」です。

★「夯（ㄏㄤ）」(hāng　ハン)（意味：超ホットな）

例：**這個現在很夯哦**。

Zhè ge xiàn zài hěn hāng o

（これは今、超ホットだよ）

　21世紀に入ってから登場したこの文字ですが、近年すっかり市民権を獲得して、新聞や雑誌や街中でも見かけない日がないくらいホットな表現です。

☆ 台湾語の発音

・・・ **ポイント解説** ・・・・・・・・・・・・・・・・・・・・・・・・・・・・・・・・・・

　もし、唐朝の詩人である李白が現代の台湾を訪ねたとしたら、きっと里帰りしたと感じるに違いないでしょう。なぜなら台湾語には古漢語の発音がそのまま保存されているからです。

　台湾華語にはない、台湾語の最大の特徴は、語尾が子音（p、t、k、h）で終わる「**入声**（にっしょう）」と呼ばれる音や、「**濁音**」「**鼻音**」などです。

　漢詩を台湾華語で朗読してもしっくり来ないところを、台湾語で朗読するとぴったり合うと感じるのもそのためです。台湾語には「**呉音**」「**漢音**」「**唐音**」が幅広く残されているからです。

●台湾語の母音

a	i	u	e	oʼ	o
ア	イ	ウ	エ	オ	オ

●台湾語の主な複合母音

ai	au	ia	iu	ui	io	im
アイ	アウ	ヤ	イウ	ウイ	イヨ	イム
un	in	oa	oe	ian	eng	
ウン	イン	ゥァ	ゥェ	イェン	イン	

●台湾語の子音

子　　音			雙　唇	舌　尖	軟　顎
口腔子音	塞音	無声	無　気	p	t	k
			有　気	ph	th	kh
		有　声		b		g
	塞擦音	無声	無　気		ch	
			有　気		chh	
		有　声			j	
	擦音	無　声			s	h
	軽敲音	有　声			l	
鼻子音		有　声		m	n	ng

※台湾語の発音表記の小さい「ⁿ」は半鼻音（鼻に抜ける音）で、台湾
　語独特の発音です。本書では小さい「ン」とカタカナ読みをつけてい
　ます。

☆ 台湾華語の発音

・・・ **ポイント解説** ・・・・・・・・・・・・・・・・・・・・・・・・・・・・・・・・・・・・

　台湾華語は、中国の北京語と同じように、一声から四声と軽声があります。

　声調がむずかしいと感じる学習者が多いようですが、確かに慣れるまでは、音が左耳から右耳へと抜けていき、チンプンカンプンと感じることがあるかもしれません。

●台湾華語の声調図

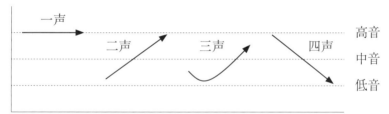

●台湾華語の注音符号の声調表記

	一声	二声	三声	四声	軽声
注音符号	なし	ˊ	ˇ	ˋ	˙
	ㄇㄚ	ㄇˊㄚ	ㄇˇㄚ	ㄇˋㄚ	˙ㄇㄚ
ピンイン	mā	má	mǎ	mà	ma
漢字	媽	麻	馬	罵	嘛

本書の発音表記と音声について

　台湾華語の場合、発音表記は本来「注音符号」を使用すべきなのですが、日本ではピンインの学習者が多いため、本書では、あえて台湾華語の発音をピンインで表記させていただいています。

　台湾語の場合は、普遍性の一番高いと思われる「教会ローマ字」を本書で使用します。

　台湾語の漢字表記は「**台閩漢字** (Tái mǐn hàn zì)」と言います。本書では基本的に台湾の教育部が頒布した推薦用字を取り入れています。

　本書ではカタカナ読みを補助的につけていますが、これはあくまでも参考的なものです。台湾華語も台湾語も声調や語尾の子音などが大事なので、カタカナをそのまま発音しても通じないことがあるかもしれません。

　また、台湾華語にも台湾語にも長音はありませんので、気持ちによって発音を伸ばしたりしても意味は変わりません。例えば「**我** (wǒ)」は「ウォ」でも「ウォー」でも台湾人の耳には同じように聞こえるのです。本書のカタカナ表記では長音を省略させていただいております。

　なお台湾語は、話す人の出身地や家庭環境などによって、発音や声調が若干違うところがあります。

　本書で紹介している表現や音声の発音とスピードは、現在の台湾人が一般的に話しているものです。音声を聞きながら、まず耳を慣らすことをおすすめします。

☆ 人称代名詞

・・・ ポイント解説 ・・・・・・・・・・・・・・・・・・・・・・・・・・・

● 1 人称について

　台湾語で第 1 人称の「私」は常に「**我** (góa)」です。英語の I にあたります。台湾華語も「**我** (wǒ)」しかありません。

　日本語では「私」「僕」「オレ」など、いろいろな言い方がありますが、台湾語や台湾華語では性別、年齢、場所、上下関係によって、主語を使い分けることがありません。

● 2 人称について

　「あなた」は、台湾華語では「**你**」と「**您**」の 2 通りの言い方があります。「**您**」は目上の人などに対して尊敬を込めた言い方です。

　書き言葉の場合、「あなた」は、台湾華語では男性の場合は「**你**」、女性の場合は「**妳**」と書きます。発音は同じ「nǐ」です。

● 3 人称について

　書き言葉の場合、「彼」「彼女」は、台湾華語ではそれぞれ「**他**」「**她**」と書き分けるのが普通です。発音は同じ「tā」です。

	＜台湾語＞	＜台湾華語＞
私	我　góa 　　グァ	我　wǒ 　　ウォ
私たち	阮　goán 　　グァン 咱　lán 　　ラン	我們　wǒ mén 　　　ウォ メン
あなた あなたたち	你　lí 　　リ 恁　lín 　　リン	你　nǐ　　　您　nín 　　ニ　　　　　ニン 你們　nǐ mén 　　　ニ メン
彼、彼女 彼ら、彼女ら	伊　i 　　イ 怹　in 　　イン	他　tā　　　她　tā 　　タ　　　　　タ 他們　tā mén　她們　tā mén 　　　タ メン　　　　タ メン

「私たち」は、台湾語では２通りの言い方があります。

相手（聞き手）を含む場合は「**咱**」、相手（聞き手）を含まない場合は「**阮**」と言います。

〈例〉

　「私たちの家」＝ **咱兜**　　※相手（聞き手）は自分の家族。

　「私たちの家」＝ **阮兜**　　※相手（聞き手）は自分の家族以外。

29

☆ 指示代名詞

・・・ **ポイント解説** ・・・・・・・・・・・・・・・・・・・・・・・・・・・

　いわゆる日本語の「こそあど言葉」にあたる表現について説明します。台湾華語も台湾語も、時間的・心理的・空間的な遠近で表現を使い分けます。

<台湾語>　　　　　　　<台湾華語>

この（これ）	這	che ゼ	這	zhè ゼ
これ（この）	這个	chit-ê ジッ エ	這個	zhè ge ゼ ガ
これら、 これらの	遮的	chia-ê ジャ エ	這些	zhè xiē ゼ シェ

※「這個」は、口語では「zhè ge」よりも「zhèi ge」とよく発音します。

<台湾語>　　　　　　　<台湾華語>

その（それ） あの（あれ）	彼	he ヘ	那	nà ナ
それ（その） あれ（あの）	彼个	hit-ê ヒッ エ	那個	nà ge ナ ガ
あれら、 あれらの	遐的	hia-ê ヒャ エ	那些	nà xiē ナ シェ

※「那個」は、口語では「nèi ge」と発音することが多いです。

	＜台湾語＞		＜台湾華語＞	
どの	佗	tó ド	哪	nǎ ナ
どれ	佗一个	tó chit-ê ド ジッ エ	哪個	nǎ ge ナ ガ
どれら	佗一寡	tó chit-kóa ド ジッ グァ	哪些	nǎ xiē ナ シェ

●場所を示す言葉

	＜台湾語＞		＜台湾華語＞	
ここ	遮	chia ジャ	這裡	zhè lǐ ゼ リ
あそこ	遐	hia ヒャ	那裡	nà lǐ ナ リ
どこ	佗位	tó-ūi ド ウィ	哪裡	nǎ lǐ ナ リ

　日本語の「あの〜」「その〜」は、台湾華語では「**這個〜**」と言います。

　次の言葉がぱっと出てこない時のワンクッションとして「え〜と」「その〜」は、「**嗯〜**」「**那個〜**」と言います。

　これらの表現はとても簡単な表現ですので、覚えておくと便利です。これらが使えると、よりネイティブの表現に近くなります。

☆　疑問詞

	＜台湾語＞		＜台湾華語＞	
何	啥物	siáⁿ-mih シャン ミッ	什麼	shén me セン モ
誰	誰	siáng シャン	誰	shuí スエ
どこ	佗位	tó-ūi ド ウィ	哪裡	nǎ lǐ ナ リ
どれ	佗一个	tó chit-ê ド ジッ エ	哪一個	nǎ yí ge ナ イ ガ
いつ	當時	tang-sî ダン シ	什麼時候	shén me shí hòu セン モ ス ホウ
何時	幾點	kúi tiám グィ ディアム	幾點	jǐ diǎn ジ ディェン
いくら	偌濟錢	lōa-chē chîⁿ ルア ゼ チン	多少錢	duō shǎo qián ドゥォ サウ チェン
どのように	按怎	án-chóaⁿ アン ツゥアン	怎麼	zěn me ゼン モ
どのくらい	偌久	lōa kú ルア グ	多久	duō jiǔ ドゥォ ジョ

●たずねるときの表現

<台湾語> <台湾華語>

何日間？	幾工？	kúi kang / グィ ガン	幾天？	jǐ tiān / ジ ティエン
何週間？	幾禮拜？	kúi lé-pài / グィ レ バイ	幾星期？	jǐ xīng qí / ジ シン チ
何ヶ月間？	幾個月？	kúi kò goe̍h / グィ ゴ グェッ	幾個月？	jǐ ge yuè / ジ ガ ユェ
何年間？	幾冬？	kúi tang / グィ ダン	幾年？	jǐ nián / ジ ニェン

どのくらいの大きさ？	偌大？	lōa tōa / ルァ ドァ	多大？	duō dà / ドゥォ ダ
どのくらいの長さ？	偌長？	lōa tn̂g / ルァ デン	多長？	duō cháng / ドゥォ ツァン
どのくらいの重さ？	偌重？	lōa tāng / ルァ ダン	多重？	duō zhòng / ドゥォ ゾン
どのくらいの距離？	偌遠？	lōa hn̄g / ルァ フン	多遠？	duō yuǎn / ドゥォ ユエン
どのくらいのスピード？	偌緊？	lōa kín? / ルァ ギン	多快？	duō kuài / ドゥォ クアイ

33

☆ 数字

		＜台湾語＞		＜台湾華語＞
0	零	lêng / khòng リン　コン	零	líng リン
1	一	chit ジッ	一	yī イ
2	二	nn̄g ネン	二	èr ア
3	三	san サン	三	sān サン
4	四	sì シ	四	sì ス
5	五	gō͘ ゴ	五	wǔ ウ
6	六	la̍k ラッ	六	liù リョ
7	七	chhit チッ	七	qī チ
8	八	peh ペッ	八	bā バ
9	九	káu カウ	九	jiǔ ジョ
10	十	cha̍p ザップ	十	shí ス
11	十一	cha̍p-it ザップ イッ	十一	shí yī スイ
12	十二	cha̍p-jī ザップ ジ	十二	shí èr スア
13	十三	cha̍p-san ザップ サン	十三	shí sān ス サン
14	十四	cha̍p-sì ザップ シ	十四	shí sì ス ス
15	十五	cha̍p-gō͘ ザップ ゴ	十五	shí wǔ ス ウ

	＜台湾語＞		＜台湾華語＞	
16	十六	chȧp-lȧk ザップ ラッ	十六	shí liù スリョ
17	十七	chȧp-chhit ザップ チッ	十七	shí qī スチ
18	十八	chȧp-peh ザップ ペッ	十八	shí bā スバ
19	十九	chȧp-káu ザップ カウ	十九	shí jiǔ スジョ
20	二十	jī-chȧp ジ ザップ	二十	èr shí アス
30	三十	saⁿ-chȧp サン ザップ	三十	sān shí サンス
40	四十	sì-chȧp シ ザップ	四十	sì shí スス
50	五十	gō͘-chȧp ゴ ザップ	五十	wǔ shí ウス
60	六十	lȧk-chȧp ラッ ザップ	六十	liù shí リョ ス
70	七十	chhit-chȧp チッ ザップ	七十	qī shí チス
80	八十	peh-chȧp ペッ ザップ	八十	bā shí バス
90	九十	káu-chȧp カウ ザップ	九十	jiǔ shí ジョス
100	一百	chȧt-pah ジッ パッ	一百	yì bǎi イ バイ
1000	一千	chȧt-chheng ジッ チン	一千	yì qiān イ チェン
10000	一萬	chȧt-bān ジッ バン	一萬	yí wàn イ ワン

☆ よく使う形容詞

	＜台湾語＞		＜台湾華語＞	
大きい	大	tōa ドゥア	大	dà ダ
小さい	細	sè セ	小	xiǎo シャウ
長い	長	tn̂g テン	長	cháng ツァン
短い	短	té テ	短	duǎn ドゥアン
重い	重	tāng ダン	重	zhòng ゾン
軽い	輕	khin キン	輕	qīng チン
遠い	遠	hn̄g フン	遠	yuǎn ユエン
近い	近	kīn ギン	近	jìn ジン
速い	緊	kín ギン	快	kuài クァイ
遅い	慢	bān バン	慢	màn マン

☆ よく使う動詞

	＜台湾語＞		＜台湾華語＞	
行く	去	khì / キ	去	qù / チュイ
来る	來	lâi / ライ	來	lái / ライ
食べる	食	chiáh / ジャッ	吃	chī / ツ
飲む	啉	lim / リム	喝	hē / ハ
見る	看	khòaⁿ / グァン	看	kàn / カン
買う	買	bé / ベ	買	mǎi / マイ
持つ	提	thê̍h / テツ	拿	ná / ナ
好きである	佮意	kah-ì / ガッ イ	喜歡	xǐ huān / シ ホァン
話す	講	kóng / ゴン	說	shuō / スゥォ
待つ	等	tán / ダン	等	děng / デン

台湾華語（台湾語）、上達するための3つのポイント

・・・

　どうしたら台湾華語（台湾語）が早く上達するかという質問をよくいただきます。

　語学は積み木のようにコツコツと積み重ねることが大事で、近道はないように思えますが、ここを押さえれば勉強の効率が上がるというポイントがあります。

＜ポイント1：発音＞

　これは台湾華語や台湾語など中国語系の言葉に共通することですが、発音が良ければ半ば良し。発音は最大の関門とも言われていますが、逆にここさえ乗り越えれば、後は平坦な道が続きます。

＜ポイント2：語順＞

　英語に似ているので、英語がわかれば上達も早いとよく言われています。台湾華語は動詞や名詞の変化はなく、日本語の「てにをは」のような助詞もないので、語順がとても大事です。

　初心者にぜひ押さえておいていただきたい基本的な語順は、

　　　　主語＋副詞＋動詞＋目的語
　　　　主語＋副詞＋動詞＋補語

ルールとして、

　　　副詞　は　動詞の前

　　　補語　は　動詞や形容詞の後

と覚えておきましょう。

＜ポイント3：動詞＞

　日本語と比べて、台湾華語などの中国語系の言語において
は動詞が担う役割がかなり重要だとされています。例えば、

　「あの子はかわいい。」

は、日本語的な思考回路で台湾華語に訳そうとすると、

　「她很可愛。」

になりがちです。この文は決して間違いではありませんが、
より台湾華語らしい表現ですと、ネイティブは普通、

　「她長得很可愛。」

と言うでしょう。「長得」は「見た目」という意味です。

　日本人にとって、ちょっとなじみのない動詞の使い方で
す。例文からもわかるように、日本語では形容詞だけでも用
が足りる文でも、台湾華語では動詞を使用することがより自
然だという場面が多いように思えます。文の中心は動詞であ
り、動詞を意識して勉強することをおすすめします。

日本語や外来語に由来する表現

・・・・・・・・・・・・・・・・・・・・・・・・・・・・・・・・・

　かつて日本統治時代を経験している台湾には「日本語に由来する表現」や、「（英語などの）外来語に由来する表現」、また「台湾独自の表現」が多数あります。

●日本語に由来する表現

　「運將（ウンチャン）」（運転手）、「歐巴桑（オバサン）」（おばさん）、「歐里桑（オリサン）」（おじさん）、「黑輪（オレン）」（おでん）、「卡拉OK（カラオケ）」（カラオケ）などは日本語に由来する表現です。

　漢字は当て字を使っていますが、読み方は必ずしもその漢字通りというわけではありません。

　例えば「運將」は本来「yùn jiàng」と読むのですが、台湾では日本語読みのまま「うんちゃん」と読むのが普通ですので、そのように発音表記をさせていただきました。

● （英語などの）外来語に由来する表現

　「巧克力（qiǎo kē lì）」（チョコレート）、「沙拉（shā lā）」（サラダ）、「可口可樂（kě kǒu kě lè）」（コカ・コーラ）、「漢堡（hàn bǎo）」（ハンバーガー）などは、それぞれ chocolate、salad、Coca-Cola、hamburger に由来する外来語です。

　台湾では平仮名やカタカナがなく、全部漢字ですので、外来語も漢字を当てた表現にしています。普段の生活ではこれらが外来語という感覚がなく使っています。

　漢字は一つ一つ意味があるので、音だけでなく、その表現に込められる漢字の意味も考慮されなければなりません。

　例えば「可口可樂」（コカ・コーラ）にまつわる有名なエピソードがあります。20 世紀初期、「コカ・コーラ」の漢字名は「蝌蚪啃蠟」でした。発音は「kē dǒu kěn là」で、音訳の観点では近いかもしれませんが、直訳は「オタマジャクシが蝋をかじる」で、それを見て飲みたいと思う人はいないでしょう。その後、ネーミングを公募したところ、たくさんの案の中から「可口可樂」が選ばれ、現在に至っています。発音は「kě kǒu kě lè」で、本来の発音に近く、「可口」は「おいしい」、「可樂」は「楽しい」で、最もすばらしい訳と言われています。

●台湾独自の表現

　台湾華語には台湾語に由来する表現が多くあります。

　例えば「好康（hǎo kāng）」「尚青（shàng qīng）」「凍蒜（dòng suàn）」などは台湾語をそのまま漢字表記にしたものです。

　それぞれ中国の普通話で「好事（hǎo shì）」（お得なこと）、「最新鮮（zuì xīn xiān）」（最もフレッシュな）、「選挙当選（xuǎn jǔ dàng xuǎn）」（選挙に当選すること）にあたります。

2日目

基本構文（1）

基本構文

A は B です ①

A ＋ 是 ＋ B

• • • **基本フレーズ** •

我是日本人。

Wǒ shì Rì běn rén

ウォ ス リ ベン レン

私は日本人です。

• • • **ポイント解説** •

　「我是〜」は、英語で言うと「I am 〜」になります。この「是」を挟んだ左と右の語がイコールの関係です。例文の「日」(rì) は「リ」と「ズ」の間の発音です。

　　　我　　是　　日本人　　(私は日本人です)

　　(私)　＝　　(日本人)

　基本構文のAのところに人称代名詞などの主語を入れ、Bのところに名詞などを入れると、どんどん文を作ることができます。

　　　他　　是　　我的朋友　　(彼は私の友達です)

　　(彼)　＝　　(私の友達)

　「是」は英語の be 動詞に似ていると言われています。英語では主語や時制に応じて am、are、is などに変化しますが、台湾華語や台湾語では変化しません。どんな場合でも「是」のままです。

1 私は大学生です。

|台 湾 語| 我是大學生。

Góa sī tāi-ha̍k-seng
グァ シ ダイ ハッ シン

|台湾華語| 我是大學生。

Wǒ shì dà xué shēng
ウォ ス ダ シュエ セン

・・

2 私は会社員です。

|台 湾 語| 我是食頭路人。

Góa sī chia̍h-thâu-lō͘-lâng
グァ シ ジャッ タウ ロ ラン

|台湾華語| 我是上班族。

Wǒ shì shàng bān zú
ウォ ス サン バン ズゥ

・・

3 私はA型です。

|台 湾 語| 我是A型。

Góa sī A hêng
グァ シ エ ヒン

|台湾華語| 我是A型。

Wǒ shì A xíng
ウォ ス エ シン

台 湾 語	台湾華語
□ 大學生：大学生	□ 大學生：大学生
□ 食頭路人：会社員	□ 上班族：会社員

基本構文 A は B です ②

A ＋ 是 ＋ B

・・・ **基本フレーズ** ・・・・・・・・・・・・・・・・・・・・・・・・・・・・・・・・・

這是我的。

Zhè shì wǒ de
ゼ　スウォ　ダ

これは私のものです。

・・・ **ポイント解説** ・・・・・・・・・・・・・・・・・・・・・・・・・・・・・・・・・

　日本語の「これ」にあたる指示代名詞は「這」です。日本語の「あれ」にあたるのは「那」です。

　台湾華語では、近いか遠いかだけの二分法です。日本語のそれに該当するものは特にありません。場面によって、「這」だったり「那」だったりします。

2日目

基本構文(1)

１ これはプレゼントです。

台 湾 語 **這是禮物。**

Che sī lé-bu̍t
ゼ シ レブツ

台湾華語 **這是禮物。**

Zhè shì lǐ wù
ゼ ス リ ウ

- -

２ これが最後です。

台 湾 語 **這是最後一擺。**

Che sī chòe-āu chit-pái
ゼ シ ズゥエ アウ ジッ バイ

台湾華語 **這是最後一次。**

Zhè shì zuì hòu yí cì
ゼ ス ズゥエ ホウ イ ツ

- -

３ これが一番高いものです。

台 湾 語 **這是上貴的。**

Che sī siōng kùi--ê
ゼ シ ション グィ エ

台湾華語 **這是最貴的。**

Zhè shì zuì guì de
ゼ ス ズゥエ グェ ダ

台 湾 語	台湾華語
□ 禮物：プレゼント	□ 禮物：プレゼント
□ 一擺：一回	□ 一次：一回
□ 上：最も	□ 貴：高い

基本構文

A は B です ③

A ＋ 很 ＋ B

・・・ **基本フレーズ** ・・・・・・・・・・・・・・・・・・・・・・・・・・・・・・・・・・・・・

我很好。

Wǒ hěn hǎo
ウォ ヘン ハウ

私は元気です。

・・・ **ポイント解説** ・・・・・・・・・・・・・・・・・・・・・・・・・・・・・・・・・・・・・

　「很」は本来「とても」「非常に」という意味の副詞です。ところが「基本フレーズ」の「很」は「とても」と訳しません。

　形容詞（特に単音節）の前には「很」をつけることが多く、ルールのようなものです。どうしても「とても」を強調したい場合は、「很」にアクセントをおいて発音すると、「私はとても元気です」という意味になります。

1 (私は) うれしいです。

　　　　　　　台 湾 語　我真歡喜。

　　　　　　　Góa chin hoaⁿ-hí
　　　　　　　グァ ジン ホアン ヒ

　　　　　　　台湾華語　我很開心。

　　　　　　　Wǒ hěn kāi xīn
　　　　　　　ウォ ヘン カイ シン

2 (私は) 忙しいです。

　　　　　　　台 湾 語　我真無閒。

　　　　　　　Góa chin bô-êng
　　　　　　　グァ ジン ボ イン

　　　　　　　台湾華語　我很忙。

　　　　　　　Wǒ hěn máng
　　　　　　　ウォ ヘン マン

3 (私は) 悲しいです。

　　　　　　　台 湾 語　我真艱苦。

　　　　　　　Góa chin kan-khó͘
　　　　　　　グァ ジン ガン コ

　　　　　　　台湾華語　我很難過。

　　　　　　　Wǒ hěn nán guò
　　　　　　　ウォ ヘン ナン グォ

台 湾 語	台湾華語
□歡喜：うれしい	□開心：うれしい
□無閒：暇がない、忙しい	□忙：忙しい
□艱苦：悲しい、苦しい	□難過：悲しい

> **基本構文**
> A は B ではありません ①
> A ＋ 不是 ＋ B

・・・ **基本フレーズ** ・・・・・・・・・・・・・・・・・・・・・・・・・・・・・・・・

我不是學生。

Wǒ bú shì xué shēng
ウォ ブ ス シュェ セン

私は学生ではありません。

・・・ **ポイント解説** ・・・・・・・・・・・・・・・・・・・・・・・・・・・・・・・・・

　台湾華語の否定形は基本的に、動詞や形容詞などの前に「不」
をつけるだけです。

　　　肯定文　A ＋　是 ＋ B
　　　否定文　A ＋不是 ＋ B

＜発音のポイント＞

　「不」の発音は「bù」と四声ですが、後ろに四声の発音が来る場合、
発音は二声の「bú」になります。

　　　不（bù）〔四声〕 ＋ 「一声、二声、三声」
　　　不（bú）〔二声〕 ＋ 「四声」

1 私は会社員ではありません。

台 湾 語 **我毋是食頭路人。**

Góa m̄-sī chiah-thâu-lō͘-lâng
グァ ム シ ジャッ タウ ロ ラン

台湾華語 **我不是上班族。**

Wǒ bú shì shàng bān zú
ウォ ブ ス　サン バン ズゥ

- -

2 私は台湾人ではありません。

台 湾 語 **我毋是台灣人。**

Góa m̄-sī Tâi-oân-lâng
グァ ム シ ダイ ワン ラン

台湾華語 **我不是台灣人。**

Wǒ bú shì Tái wān rén
ウォ ブ ス　タイ ワン レン

- -

3 彼は私のボーイフレンドではありません。

台 湾 語 **伊毋是我的男朋友。**

I m̄-sī góa ê lâm-pêng-iú
イ ム シ グァ エ ラム ピン イユ

台湾華語 **他不是我的男朋友。**

Tā bú shì wǒ de nán péng yǒu
タ ブ ス ウォ　ダ ナン ポン　ヨ

台 湾 語	台湾華語
□ 毋是：～ではない	□ 上班族：会社員
□ 伊：彼、彼女	□ 他：彼
□ 男朋友：ボーイフレンド	□ 男朋友：ボーイフレンド

基本構文

A は B ではありません ②

A ＋ 不 ＋ B

・・・ **基本フレーズ** ・・・・・・・・・・・・・・・・・・・・・・・・・・・・・・・・

我不餓。

Wǒ bú è
ウォ ブ ア

私はお腹がすいていません。

・・・ **ポイント解説** ・・・・・・・・・・・・・・・・・・・・・・・・・・・・・・・・

「是」以外の動詞や形容詞の場合でも、前に「不」をつけるだけで否定形になります。

　　　肯定文　　A ＋　　動詞／形容詞
　　　否定文　　A ＋不＋動詞／形容詞

「不」は英語の not と考えていただくとわかりやすいかもしれません。

日本語にも「不公平」「不自由」「不親切」など、「不〜」の表現があるので、日本人に理解しやすいと思います。ちなみに「不公平」「不自由」「不親切」はそのまま台湾華語にもある表現です。（発音はそれぞれ「bù gōng píng」「bú zì yóu」「bù qīn qiè」）

発音をマスターするには慣れが必要で、時間も必要ですが、読んで理解できる程度までになるという意味では、日本人にとって台湾の言葉は親近感がわきやすく、勉強しやすいと思われます。

1 （私は）疲れていません。

台湾語 **我袂忝。**

Góa bē thiám
グァ ベ テャム

台湾華語 **我不累。**

Wǒ bú lèi
ウォ ブ レイ

- -

2 （私は）満足していません。

台湾語 **我無滿意。**

Góa bô boán-ì
グァ ボ ブァン イ

台湾華語 **我不滿意。**

Wǒ bù mǎn yì
ウォ ブ マン イ

- -

3 （私は）寒くないです。

台湾語 **我袂寒。**

Góa bē kôa^n
グァ ベ グァン

台湾華語 **我不冷。**

Wǒ bù lěng
ウォ ブ レン

台 湾 語	台湾華語
□ 忝：疲れる	□ 累：疲れる
□ 滿意：満足した	□ 滿意：満足した
□ 寒：寒い	□ 冷：寒い

台湾語、台湾華語の丁寧な言い方

台湾語や台湾華語では、日本語のように、動詞による常体、丁寧語などの区別がありません。

例えば台湾華語の「我沒在吃飯。」を日本語に訳すとき、「ご飯を食べていない」も「ご飯を食べていません」もいずれもOK です。

では、いつ常体で、いつ丁寧語に訳せばよいのかというと、前後の文脈から判断するしかありません。

台湾華語では、目上の人や年長者に対して、敬語に相当する単語や言い回しを使い、それらで敬意を表したり、相手を立てたりするのです。

(1) 「你」と「您」

「你」(nǐ) は「あなた」という意味で、「您」(nín) は「你」よりも丁寧な言い方です。「您」は台湾社会において頻繁に使用されています。

「こんにちは」と言うとき、「你好」(Nǐ hǎo) よりも「您好」(Nín hǎo) のほうが丁寧です。

(2) 「您家」「府上」「寒舍」

日本語で「御社」「弊社」などの表現があるように、台湾華語にもそのような敬語、謙譲語にあたる表現があります。

　例えば「家」を表す場合、「あなたのお家」「お宅」は「您家」(nín jiā)、「府上」(fǔ shàng)、と言い、「私の家」の謙遜語である「拙宅」は「寒舍」(hán shè) と言います。

(3) 「吃」と「嚐」

　また、日本語の「食べる」「召し上がる」にあたる表現がそれぞれあることも記しておきましょう。

　「食べる」　　→ 「吃」(chī)

　「召し上がる」→ 「嚐」(cháng)

　例 「吃吧。」　 （さあ食べて）

　　　「您嚐嚐。」（どうぞ召し上がってください）

(4) 「請〜」

　「請〜」は「〜してください」とよく訳されます。「請」がつく表現は丁寧語になることが多いです。

　例 「請問」(Qǐng wèn) （すみません、お聞きします）

　　　「請說」(Qǐng shuō) （どうぞ、おっしゃってください）

　　　「請進」(Qǐng jìn) （どうぞ、お入りください）

　以上のように、尊敬語にはこんな表現、謙遜語にはこんな表現があるということをネイティブは心得ているのです。いろいろな使い方を耳で聞いて覚えて、表現のレパートリーを増やしていきましょう。

台湾人に多い名字

・・

　日本で一番多い名字は「佐藤」で、2番目に多いのは「鈴木」
だそうです。

　では、台湾人に多い名字は何でしょうか？

　台湾には「陳林滿天下」（陳さん、林さんが世の中に満ち
ている）という表現があるように、陳さんと林さんがたくさ
んいます。統計によりますと、陳さんは全体の約11％、林
さんは約8％で、2つの名字を合わせると約20％を占めて
いることがわかりました。

　さらに「陳林黄李張王吳劉蔡楊」の10個の名字を合わせ
ると、人口の約半分を占めることになります。つまり、この
10個の名字の発音をおさえておくと、大体の台湾人の名字
を呼ぶことができます。

　中華圏の人の名前は、「名字1文字＋名前1文字」または
「名字1文字＋名前2文字」が多いです。たまに名字が2文
字の人もいます。複姓（Fù xìng）と言います。

　例えば、日本でも知られている女性歌手の歐陽菲菲（Ōu
yáng fēi fēi）さんがそうですね。名字は「歐陽（オーヤン）」で、
名前は「菲菲（フィーフィー）」です。

　余談ですが、台湾では俳優の金城武（Jīn chéng wǔ）さんの

ことを名字が「金」で、名前が「城武」だと思っている人が
ほとんどのようです。

　ちなみに中国大陸では名字ランキングの1位と2位は「李」
と「王」で、上位5位の「李王張劉陳」の名字の人は約4億
人いるそうです。

台湾人に多い名字ベスト10

陳 (Chén)	11.3 %
林 (Lín)	8.6 %
黃 (Huáng)	6.4 %
李 (Lǐ)	5.2 %
張 (Zhāng)	5.2 %
王 (Wáng)	4.2 %
吳 (Wú)	4.2 %
劉 (Liú)	3.2 %
蔡 (Cài)	3.0 %
楊 (Yáng)	2.7 %

３日目

基本構文（2）

基本構文

〜があります、〜を持っています

A ＋ 有 ＋ B

・・ **基本フレーズ** ・・・・・・・・・・・・・・・・・・・・・・・・・・・・・・・・

我有時間。

Wǒ yǒu shí jiān
ウォ ヨ ス ジェン

時間があります。

・・ **ポイント解説** ・・・・・・・・・・・・・・・・・・・・・・・・・・・・・・・・・

「有」は存在、所有を表す動詞です。英語の have にあたります。
主語が人で、目的語が物の場合、「主語＋有＋目的語」は、基本は、

「主語（A）は目的語（B）を持っている」

「主語（A）は目的語（B）がある」

という意味になります。

　主語と目的語を入れ替えれば、いろいろな文が作れますので、
ぜひ応用してみてください。ちなみに日本語の「ある／いる」は
同じ「有」になります。

1 用事があります。

> 台湾語 **我有代誌。**
>
> Góa ū tāi-chì
> グァ ウ ダイ ジ

> 台湾華語 **我有事。**
>
> Wǒ yǒu shì
> ウォ ヨ ス

- -

2 約束があります。

> 台湾語 **我佮人有約。**
>
> Góa kap lâng ū iok
> グァ ガッブ ラン ウ ヨッ

> 台湾華語 **我有約。**
>
> Wǒ yǒu yuē
> ウォ ヨ ユェ

- -

3 チケットを2枚、持っています。

> 台湾語 **我有兩張票。**
>
> Góa ū nn̄g tiuⁿ phiò
> ゴァ ウ ネン デュウン ピョウ

> 台湾華語 **我有兩張票。**
>
> Wǒ yǒu liǎng zhāng piào
> ウォ ヨ リャン ザン ピャウ

台湾語	台湾華語
□代誌：こと、用事	□事：こと、用事
□兩：2	□兩：2
□張：〜枚	□張：〜枚
□票：チケット	□票：チケット

基本構文	〜があります A ＋ 有 ＋ B

基本フレーズ

這裡有位子。

Zhè lǐ yǒu wèi zi
ゼ リ ヨ ウェ ズ

ここに席があります。

ポイント解説

　主語が場所で目的語が物の場合は、基本は

　「主語（A）に目的語（B）がある」

という意味になります。

　Aのところに指示代名詞（ここ、そこ、あそこ）を入れると「A
に〜がある」という意味になりますし、指示代名詞の代わりに単
語を入れ替えて文を作ることもできます。

　例えば、

　　「財布の中にお金があります」

　　　錢包　　裡　　有　　錢。

　　（財布）（中）（ある）（お金）

　日本語の文を頭に浮かべながら、ここはこういう単語を代用し
たらどうなるかを連想して、作ってみてはいかがでしょうか。意
外と通じるかもしれません。そして、作ってみた文が通じた時の
喜びもきっと大きいはずです。

❶ ホテルにインターネット（サービス）があります。

> 台 湾 語 **飯店有網路。**
>
> Pñg-tiàm ū bāng-lō
> ペン デャム ウ バン ロ

> 台湾華語 **飯店有網路。**
>
> Fàn diàn yǒu wǎng lù
> ファン ディエン ヨ ワン ル

- -

❷ 冷蔵庫に料理があるよ。

> 台 湾 語 **冰箱有菜。**
>
> Peng-siu^n ū chhài
> ビン スゥン ウ ツァイ

> 台湾華語 **冰箱裡有菜。**
>
> Bīng xiāng lǐ yǒu cài
> ビン シャン リ ヨ ツァイ

- -

❸ トイレに人が入っている。〔トイレに人がいる。〕

> 台 湾 語 **便所有人。**
>
> Piān-sớ ū lâng
> ビェン ソ ウ ラン

> 台湾華語 **廁所有人。**
>
> Cè suǒ yǒu rén
> ツェ スゥオ ヨ レン

台 湾 語	台湾華語
□ 飯店：ホテル	□ 飯店：ホテル
□ 網路：インターネット	□ 網路：インターネット
□ 冰箱：冷蔵庫	□ 冰箱：冷蔵庫
□ 便所：トイレ	□ 廁所：トイレ

> **基本構文**
> 〜がありません、〜を持っていません
> A ＋ 沒有 ＋ B

・・・ **基本フレーズ** ・・・・・・・・・・・・・・・・・・・・・・・・・・・・・・・・・・・・

我沒有時間。

Wǒ méi yǒu shí jiān
ウォ メイ ヨ ス ジェン

時間がありません。

・・・ **ポイント解説** ・・・・・・・・・・・・・・・・・・・・・・・・・・・・・・・・・・・・

「有」（〜を持っています、〜があります）の否定形は「不有」
ではなく「沒有」になりますので、気をつけましょう。基本は、

「主語（A）は目的語（B）を持っていない」

という意味になります。

　例えば、食事に誘われて、「お金を持っていない」と、やんわ
り断る時は、

　　我　沒有　錢。

　あと、なにかの時に「ない、ない」って、日本語で言いますよ
ね。その場合、

　　沒有、沒有。

と言います。 非常に便利な文型です。

1（私に）勇気がありません。

| 台 湾 語 | 我無勇氣。 |

Góa bô ióng-khì
グァ ボ ヨン キ

| 台湾華語 | 我沒有勇氣。 |

Wǒ méi yǒu yǒng qì
ウォ メイ ヨ　ヨン チ

2（私に）仕事がありません。

| 台 湾 語 | 我無頭路。 |

Góa bô thâu-lō͘
グァ ボ タウ ロ

| 台湾華語 | 我沒有工作。 |

Wǒ méi yǒu gōng zuò
ウォ メイ ヨ ゴン ズゥォ

3 部屋を予約していません。

| 台 湾 語 | 我無訂房間。 |

Góa bô tēng pâng-keng
グァ ボ ティン バン ギン

| 台湾華語 | 我沒有訂房間。 |

Wǒ méi yǒu dìng fáng jiān
ウォ メイ ヨ ディン ファン ジェン

台 湾 語	台湾華語
□ **無**：ない	□ **勇氣**：勇気
□ **頭路**：仕事	□ **工作**：仕事
□ **訂**：予約する	□ **訂**：予約する
□ **房間**：部屋	□ **房間**：部屋

基本構文

〜にいます、〜にあります
A + 在 + B

• • • **基本フレーズ** •

我在家。

Wǒ zài jiā
ウォ ザイ ジャ

自宅にいます。

• • • **ポイント解説** •

　「A は B にいる／ある」という意味で、「在」は存在を表す動詞です。「主語＋在＋目的語」は、基本は、

　「主語（A）は場所（B）にいる／ある」

という意味になります。

　否定文は「在」の前に「不」をつけて、「不在」を使います。基本フレーズの否定文は、

　我　不在　家。（自宅にいません）

になります。

　「有」と「在」の使い方で混乱する方もいますが、日本語の「〜があります」〔場所が主語〕は「有」で、「〜にあります」〔人や物が主語〕は「在」と、理解しておくとよいでしょう。

　例文を一つでもしっかり覚えて、少しずつ慣れていってください。

❶ 彼は会社にいます。

> 台湾語 **伊佇公司。**
>
> I tī kong-si
> イ ディ ゴン シ

> 台湾華語 **他在公司。**
>
> Tā zài gōng si
> タ ザイ ゴン ス

- -

❷ （私は）友達の家にいる。

> 台湾語 **我佇朋友厝裡。**
>
> Góa tī pêng-iú chhù--nih
> グァ ディ ビン イユ ツゥ ニッ

> 台湾華語 **我在朋友家。**
>
> Wǒ zài péng yǒu jiā
> ウォ ザイ ポン ヨ ジャ

- -

❸ 今、台湾にいるよ。

> 台湾語 **我這陣佇台灣。**
>
> Góa chit-chūn tī Tâi-oân
> グァ ジッ ズゥン ディ ダイ ワン

> 台湾華語 **我現在在台灣。**
>
> Wǒ xiān zài zài Tái wān
> ウォ シェン ザイ ザイ タイ ワン

台湾語	台湾華語
□佇：～にいる	□公司：会社
□厝：家	□朋友：友達
□這陣：今	□現在：今

3日目

基本構文⑵

基本構文

〜がほしいです

A ＋ 想要 ＋ B

・・・ 基本フレーズ ・・・・・・・・・・・・・・・・・・・・・・・・・・・

我想要錢。

Wǒ xiǎng yào qián
ウォ シャン ヤウ チェン

お金がほしい。

・・・ ポイント解説 ・・・・・・・・・・・・・・・・・・・・・・・・・

　「A ＋想要＋ B」は「A は B がほしい」という意味です。「主語
＋想要＋目的語〔名詞〕」は、英語の「主語＋ want ＋目的語〔名
詞〕」にあたります。基本は、
　「主語（A）は目的語（B）がほしい」
という意味になります。

　皆さんは、まずどのような言葉を使ってみたいですか？　あい
さつの次は「これがほしい」「こうしたい」と、自分の意思を伝
えたいのではないでしょうか。この文型は自分の意思を伝えたい
時に便利です。
　例えば、喫茶店でコーヒーを注文する時には、名詞のところに
「咖啡」(kā fēi) を入れて、
　　我　想要　咖啡。
とすれば、「コーヒーがほしい」「コーヒーにしよう」という意味
になります。立派な台湾華語の文が出来上がりです。

❶ 彼氏がほしい。

|台湾語| 我想欲愛有男朋友。

Góa siūⁿ-beh ài ū lâm-pêng-iú
グァ スゥン ベッ アイ ウ ラム ピン イユ

|台湾華語| 我想要男朋友。

Wǒ xiǎng yào nán péng yǒu
ウォ シャン ヤウ ナン ポン ヨ

❷ あれがほしい。

|台湾語| 我想欲愛彼。

Góa siūⁿ-beh ài he
グァ スゥン ベッ アイ ヘ

|台湾華語| 我想要那個。

Wǒ xiǎng yào nà ge
ウォ シャン ヤウ ナ ガ

❸ 子供がほしい。

|台湾語| 我想欲愛有囡仔。

Góa siūⁿ-beh ài ū gín-á
グァ スゥン ベッ アイ ウ ギン ア

|台湾華語| 我想要孩子。

Wǒ xiǎng yào hái zi
ウォ シャン ヤウ ハイ ズ

3日目

基本構文(2)

台 湾 語	台湾華語
□ 想欲愛〜：〜がほしい	□ 男朋友：彼氏
□ 彼：あれ	□ 那個：あれ
□ 囡仔：子供	□ 孩子：子供

> **基本構文**
>
> 〜したいです
> A ＋ 想 ＋ 動詞 B ＋ C

・・・ **基本フレーズ** ・・・・・・・・・・・・・・・・・・・・・・・・・・・・・・・・・・・・・・・

我想睡覺。

Wǒ xiǎng shuì jiào
ウォ シャン スゥェ ジャウ

眠りたい。

・・・ **ポイント解説** ・・・・・・・・・・・・・・・・・・・・・・・・・・・・・・・・・・・・・・・

　「主語（A）＋想＋動詞（B）＋目的語（C）」は、英語の「主語 ＋ want to ＋動詞＋目的語」にあたります。「A は C を B したい」という意味です。

　「想」を「想要」に替えて使うこともできます。文にもよりますが、「想要」のほうが願望の程度が若干強くなります。願望を表す便利な文型です。ぜひ使ってみてください。

　例文の「睡覺」と「水餃」の発音は、カタカナで表すと、いずれも「スゥェ　ジャウ」ですが、実際の発音は

　「睡覺」（shuì jiào）〔四声＋四声〕

　「水餃」（shuǐ jiǎo）〔三声＋三声〕

です。声調でまったく意味が変わってしまうのをおわかりいただけましたでしょうか。

1 仕事を変えたい。

台　湾　語 **我想欲換頭路。**

Góa siūⁿ-beh ōaⁿ thâu-lō
グァ スゥン ベッ ワン タウ ロ

台湾華語 **我想換工作。**

Wǒ xiǎng huàn gōng zuò
ウォ シャン ホアン ゴン ズゥォ

- -

2 餃子を食べたい。

台　湾　語 **我想欲食水餃。**

Góa siūⁿ-beh chiảh chúi-kiáu
グァ スゥン ベッ ジャッ ズイ ギャウ

台湾華語 **我想吃水餃。**

Wǒ xiǎng chī shuǐ jiǎo
ウォ シャン ツ スゥェ ジャウ

- -

3 冷たいビールを飲みたい。

台　湾　語 **我想欲啉冰麥仔酒。**

Góa siūⁿ-beh lim peng bẻh-á-chiú
グァ スゥン ベッ リム ピン ベッ ア ジュ

台湾華語 **我想喝冰啤酒。**

Wǒ xiǎng hē bīng pí jiǔ
ウォ シャン ハ ビン ピ ジョ

※日本語の「ビール」でも通じます。

台 湾 語	台湾華語
□ 頭路：仕事	□ 工作：仕事
□ 水餃：餃子	□ 吃：食べる
□ 啉：飲む	□ 喝：飲む
□ 麥仔酒：ビール	□ 啤酒：ビール

3日目

基本構文(2)

> **基本構文**
>
> 〜しなければなりません
> A ＋ 要 ＋ B

・・・ **基本フレーズ** ・・・・・・・・・・・・・・・・・・・・・・・・・・・・・・・・・・

你要好好唸書。

Nǐ yào hǎo hao niàn shū
ニ ヤウ ハウ ハウ ニェン スゥ

ちゃんと勉強しなさい。

・・・ **ポイント解説** ・・・・・・・・・・・・・・・・・・・・・・・・・・・・・・・・・・

「要」や「想」には様々な意味合いがあります。主なものは、

① 「〜したい、〜するつもりだ」

② 「〜しそうだ、〜するだろう」

③ 「〜しなければならない、〜するべきだ」

基本フレーズでは③の「要」を紹介しました。

このほか、「主語（A）＋要＋名詞（B）」は「AはBがほしい。」という意味もあります。「要」は「想要」と使い方も意味も似ています。

例 「我要咖啡。」（私はコーヒーがほしいです）

「要」の後ろに動詞が来る場合、願望の強さを表します。

例 「我要睡覺。」（私は寝るんだ）

1 12時までにここから離れなければならない。

| 台湾語 | 我十二點進前愛走。 |

Góa cha̍p-jī tiám chìn-chêng ài cháu
グァ ザプ ジ ディャム ジン ジン アイ ザウ

| 台湾華語 | 我十二點前要走。 |

Wǒ shí èr diǎn qián yào zǒu
ウォ ス ア ディエン チエン ヤウ ゾウ

- -

2 寝る前に歯をみがかなければならないよ。

| 台湾語 | 睏進前愛洗喙。 |

Khùn chìn-chêng ài sé-chhùi
クン　 ジン ジン アイ セ ツゥィ

| 台湾華語 | 睡覺前要刷牙。 |

Shuì jiào qián yào shuā yá
スゥエ ジャウ チエン ヤウ スゥア ヤ

- -

3 (あなたは) 太りすぎたから、ダイエットしなければならないよ。

| 台湾語 | 你傷大箍矣，愛減肥矣。 |

Lí siuⁿ tōa-kho͘-ah　ài kiám-pûi-ah
リ シゥンドゥア コアッ　アイ ギャム ブィ アッ

| 台湾華語 | 你太胖了，要減肥了。 |

Nǐ tài pàng le　yào jiǎn féi le
ニ タイ パン ラ　ヤウ ジェン フェイ ラ

台湾語	台湾華語
□ 愛〜：〜しなければならない	□ 睡覺：寝る
□ 睏：寝る	□ 刷牙：歯をみがく
□ 洗喙：歯をみがく	□ 胖：太っている
□ 減肥：ダイエット	□ 減肥：ダイエット

3日目 ── 基本構文 (2)

73

基本構文

〜をください

給我〜

基本フレーズ

給我那個。

Gěi wǒ nà ge
ゲイ ウォ ナ ガ

あれをください。

ポイント解説

「給」にはいくつかの意味がありますが、ここで紹介するのは、授与を表す、日本語で言うと「あげる」「もらう」の意味の「給」です。

では、その「給」が「あげる」なのか「もらう」なのか、初心者にとって少し混乱しやすいのですが、慣れればとてもシンプルで簡単です。

「給＋人称代名詞＋目的語」

「私に（与えて）もらう」の場合は　給我
「あなたにあげる」の場合は　　　　給你
です。

1 これを1人前ください。

|台 湾 語| 予我一份這。

Hō góa chit-hūn che
ホ グァ ジッ フン ゼ

|台湾華語| 給我一份這個。

Gěi wǒ yí fèn zhè ge
ゲイ ウォ イ フェン ゼ ガ

2 切符を2枚ください。

|台 湾 語| 予我兩張票。

Hō góa nn̄g tiuⁿ phiò
ホ グァ ネン デュゥン ピョ

|台湾華語| 給我兩張票。

Gěi wǒ liǎng zhāng piào
ゲイ ウォ リャン ザン ピャウ

3 マンゴーのかき氷を1人前ください。

|台 湾 語| 予我一份檨仔冰。

Hō góa chit-hūn sōaiⁿ-á-peng
ホ グァ ジッ フン スゥアン ア ビン

|台湾華語| 給我一份芒果冰。

Gěi wǒ yí fèn máng guǒ bīng
ゲイ ウォ イ フェン マン グォ ビン

台 湾 語	台湾華語
□ 一份：1人前	□ 一份：1人前
□ 這：これ	□ 這個：これ
□ 檨仔冰：マンゴーのかき氷	□ 芒果冰：マンゴーのかき氷

台湾華語の三大動詞 「是」「有」「在」のまとめ

・・・・・・・・・・・・・・・・・・・・・・・・・・・・・・

(1)　是

　台湾華語を勉強するにあたって、最もよく出てくる動詞は「是」でしょう。基本中の基本の動詞です。

　英語の be 動詞とほぼ同じ働きをします（一部の文で「是」が省略されることもあります）。

　「是」は A と B の間に入って、A と B をつなぎ、「A イコール B」の働きをします。

　　例　我是日本人。

　　　（私は日本人です）

　否定形は「是」の前に「不」をつけて、「不是」になります。

　　例　我不是台灣人。

　　　（私は台湾人ではありません）

(2)　有

　「有」は所有（〜を持っている）、存在（ある）を表す動詞です。

　　例　我有錢。

　　　（私はお金を持っている）

否定形は「有」の前に「沒」をつけて、「沒有」になります。

例　我沒有錢。

　（私はお金を持っていない）

「有」を用いた疑問文に対して、「はい」「そうです」などと返事をする場合は「有」を使います。「いいえ」の場合は「沒有」になります。

(3)　在

３つ目によく登場する動詞は「在」（〜にいる、ある）です。

例　我在台灣。

　（私は台湾にいます）

否定形は「在」の前に「不」をつけて、「不在」になります。

例　我不在台灣。

　（私は台湾にいません）

「有」も「在」も存在を表しますが、その用法には大きな違いがあります。

有　…　Ａ〔場所〕＋有＋Ｂ〔人・物〕（ＡにはＢがいる／ある）
在　…　Ａ〔人・物〕＋在＋Ｂ〔場所〕（ＡはＢにいる／ある）

「是」「有」「在」の使い方をマスターして、次のステップに進みましょう。

台湾人の名前に由来する「ニックネーム」のつけ方

・・・

　台湾華語では、名字で「～さん」と呼ぶときは、男性は「名字＋先生」、女性は「名字＋小姐」で呼びます。

　親しくなると、台湾人はニックネームや愛称で呼び合うのが普通です。

傾向1

　名字の前に、若い人には「小 (xiǎo)」、ちょっと年配の人には「老 (lǎo)」をつけます。

　例えば、若い「林さん」であれば「小林 (xiǎo Lín)」、ちょっと年配の「林さん」は「老林 (lǎo Lín)」と呼びます。「張さん」の場合は「小張 (xiǎo Zhāng)」や「老張 (lǎo Zhāng)」のように。

傾向2

　名前から1文字を取って、「小」や「阿」をつけます。

　例えば私の場合、名前は「怡華 (Yí huá)」ですが、「小怡 (xiǎo yí)」「小華 (xiǎo huá)」「阿華 (ā huá)」になります。

　もっとも「阿怡 (ā yí)」は「阿姨 (ā yí)」（おばさん）の発音に似ているので、これはあくまでも一例で、実際にそう呼ばれていたわけではありません。(^_^;)

では「阿」をつけるか「小」をつけるか、そのあたりは台湾人の語感です。有名人の例として、台湾の元総統「陳水扁 (Chén shuǐ biǎn)」の愛称は「阿扁 (ā biǎn)」で、今の総統「蔡英文 (Cài yīng wén)」の愛称は「小英 (xiǎo yīng)」が挙げられます。

基本構文(2)

傾向3

名前から1文字を取って、2回繰り返します。

例えばパンダの名前を思い出すとイメージしやすいでしょう。「リンリン」「カンカン」「ランラン」など。かわいらしい響きなので、主に女の子、ペット、小さい子供につけることが多いようです。

また自分の名前を例にして恐縮ですが、小学校くらいまでは「華華 (Huá huá)」と呼ばれてもおかしくないです。しかし、これがおばあちゃんになってまた「華華」と呼ばれたら相当恥ずかしいことになります。

日本と同じように、名前以外で、外見、特徴、クセなどに由来して、いろいろなニックネームをつけられます。もちろん、本人が好きかどうかは別としてですが…。

台湾人は初対面の自己紹介のときから、「私のニックネームは○○です。○○って呼んでください」と言ってきます。日本人にしてみれば、そこまでまだ親しくないのに失礼にあたらないかと思ってしまいがちですが、ニックネームや愛称での呼び合うのは親しさのバロメーターでもあります。そのあたりは「郷に入れば郷に従え」で、愛称で呼び合って親しくなりましょう。

4日目

時制の表し方

基本構文

〜しています

主語 + 在 + 動詞

我在講電話。

Wǒ zài jiǎng diàn huà

ウォ ザイ ジャン ディエン ホァ

電話中です。〔電話しています。〕

　台湾華語には英語のように動詞の変化による時制の変化はありません。では、言っていることが過去、現在、未来など「いつ」のことなのか、どうやって区別するのかというと、過去、現在、未来などを表す表現や、文脈などで区別するのです。

　「主語＋在＋動詞」は、まさに動作の進行を表す文型です。
「〜しています」、いわゆる現在進行形です。
　日本語や英語の文法にはない考え方なので少し違和感を覚えるかもしれませんが、逆に、動詞の前に時制を表す副詞をつけ加えればよいので、慣れれば楽です。

１ 私はご飯を食べています。

| 台湾語 | 我咧食飯。 |

Góa teh chiảh-pn̄g
グァ デッ ジャッ ポン

| 台湾華語 | 我在吃飯。 |

Wǒ zài chī fàn
ウォ ザイ ツ ファン

２ 私はテレビを観ています。

| 台湾語 | 我咧看電視。 |

Góa teh khòaⁿ tiān-sī
グァ デッ クァン デン シ

| 台湾華語 | 我在看電視。 |

Wǒ zài kàn diàn shì
ウォ ザイ カン ディエン ス

３ 私は本を読んでいます。

| 台湾語 | 我咧讀冊。 |

Góa teh thảk-chheh
グァ デッ タッ ツェッ

| 台湾華語 | 我在讀書。 |

Wǒ zài dú shū
ウォ ザイ ドゥ スゥ

4日目

時制の表し方

台湾語	台湾華語
□ **食飯**：ご飯を食べる	□ 吃飯：ご飯を食べる
□ **電視**：テレビ	□ 電視：テレビ
□ **讀冊**：本を読む	□ 讀書：本を読む

基本構文

〜していません
主語 ＋ 沒 ＋ 在 ＋ 動詞

・・・ **基本フレーズ** ・・・・・・・・・・・・・・・・・・・・・・・・・・・

我沒在講電話。

Wǒ méi zài jiǎng diàn huà
ウォ メイ ザイ ジャン ディエン ホァ

電話中ではありません。〔電話していません。〕

・・・ **ポイント解説** ・・・・・・・・・・・・・・・・・・・・・・・・・・・

否定の「〜していません」は、「沒」を「在」の前につけるだけです。どうです？　簡単でしょう。

1 私はご飯を食べていません。

台湾語　我無咧食飯。

Góa bô teh chiàh-pn̄g
グァ ボ デッ ジャッ ポン

台湾華語　我沒在吃飯。

Wǒ méi zài chī fàn
ウォ メイ ザイ ツ ファン

2 私はテレビを観ていません。

台湾語　我無咧看電視。

Góa bô teh khòaⁿ tiān-sī
グァ ボ デッ クァン デン シ

台湾華語　我沒在看電視。

Wǒ méi zài kàn diàn shì
ウォ メイ ザイ カン ディエン ス

3 私は本を読んでいません。

台湾語　我無咧讀冊。

Góa bô teh tha̍k-chheh
グァ ボ デッ タッ ツェッ

台湾華語　我沒在讀書。

Wǒ méi zài dú shū
ウォ メイ ザイ ドゥ スゥ

4日目

時制の表し方

> **基本構文**
> ～しました
> **主語 ＋ 動詞 ＋ 了**

••• **基本フレーズ** ••

我吃了。

Wǒ chī le
ウォ ツ ラ

食べました。

••• **ポイント解説** ••

　動詞の後ろに「了」が来ると、過去の動作を表すことができ、「～した」という意味になります。

　「台湾華語の文法って、簡単だ」と思ったら、それはちょっと間違いです。

　実は、「了」の使い方は一筋縄ではいかないのです。過去だけではなく、過去完了、未来完了として使うこともあれば、語気助詞として使う場合もあり、「了」について論文が書けるほど奥深いものなのです。

　本書では、「了」の一番ベーシックな働きを紹介します。初心者はあまり深く考えないで、ネイティブの会話をどんどん聞いて、まねして、台湾華語脳を作ることをおすすめします。

❶ 買いました。

> 台湾語 **我有買矣。**
>
> Góa ū bé--ah
> グァ ウ ベ アッ

> 台湾華語 **我買了。**
>
> Wǒ mǎi le
> ウォ マイ ラ

- -

❷ 彼女に連絡したよ。

> 台湾語 **我連絡伊矣。**
>
> Góa liân-lo̍k--i-ah
> グァ レン ロッ イ アッ

> 台湾華語 **我聯絡她了。**
>
> Wǒ lián luò tā le
> ウォ リェン ルォ タ ラ

- -

❸ 彼は寝たよ。

> 台湾語 **伊睏去矣。**
>
> I khùn--khì-ah
> イ クン キ アッ

> 台湾華語 **他睡覺了。**
>
> Tā shuì jiào le
> タ スゥェ ジャウ ラ

台 湾 語	台湾華語
□ 矣：～した	□ 聯絡：連絡する
□ 連絡：連絡する	□ 她：彼女
□ 伊：彼女、彼	□ 他：彼
□ 睏去：眠りに入る	□ 睡覺：寝る

4日目

時制の表し方

> ～しませんでした
> 主語 ＋ 沒 ＋ 動詞

・・ **基本フレーズ** ・・・・・・・・・・・・・・・・・・・・・・・・・・・・・

我昨天沒去上班。

Wǒ zuó tiān méi qù shàng bān
ウォ ズゥォ ティエン メイ チュイ サン バン

私は昨日、会社に行きませんでした。

・・ **ポイント解説** ・・・・・・・・・・・・・・・・・・・・・・・・・・・・

「～しました」の否定形「～しませんでした」は、「主語＋沒＋
動詞」になります。

　例　「食べた」　　　　我吃了。

　　　「食べなかった」　我沒吃。

ところが「我沒吃」という表現は、「食べていない」という意
味にも理解できます。

　過去の否定形の「食べなかった」を表現するとき、一番確実な
のは、いつのことなのかがわかる時間副詞を動詞の前につけ加え
ることです。

　例　「昨日、食べなかった」　我昨天沒吃。

と、過去形であることがはっきりわかる形になります。

　このように台湾華語も台湾語も、いつのことなのかがわかる表
現を使い、時間を表すことが多いのです。

1 彼は昨日、寝てなかったよ。

台 湾 語　伊昨昏無睏。

I cha-hng bô khùn
イ　ザン　　ボ クン

台湾華語　他昨天沒睡覺。

Tā zuó tiān méi shuì jiào
タ ズゥォ ティエン メイ スウェ ジャウ

4日目

時制の表し方

2 私は昨日やってなかったよ。

台 湾 語　我昨昏無做。

Góa cha-hng bô chò
グァ　ザン　ボ ゾ

台湾華語　我昨天沒做。

Wǒ zuó tiān méi zuò
ウォ ズゥォ ティエン メイ ズゥォ

3 よく聞き取れなかった。

台 湾 語　我聽無清楚。

Góa thia^n bô chheng-chhó
グァ ディアン ボ チン ツォ

台湾華語　我沒聽清楚。

Wǒ méi tīng qīng chǔ
ウォ メイ ティン チン ツウ

台 湾 語	台湾華語
□ 昨昏：昨日	□ 昨天：昨日
□ 做：やる	□ 做：やる
□ 清楚：はっきり	□ 清楚：はっきり

基本構文

もう〜しました
主語 + 動詞 + 過了

・・・ **基本フレーズ** ・・・・・・・・・・・・・・・・・・・・・・・・・・・

我吃過了。
Wǒ chī guò le
ウォ ツ グォ ラ

私はもう食べました。

・・・ **ポイント解説** ・・・・・・・・・・・・・・・・・・・・・・・・・・・

　動詞の後ろに「過＋了」が来ると、動作の完了や終結を表します。
「已經」は「既に」という意味で、ニュアンスを強調したい時
に使います。「已經」が省略されていても意味は変わりません。

　ちなみに、目的語として名詞、代名詞が入る場合は
　「主語＋（已經）＋動詞＋過＋名詞＋了」
の語順になります。

　例　我吃過飯了。
　　　（私はご飯を食べたよ）

❶ もう見たよ。

| 台 湾 語 | 我看過矣。 |

Góa khòaⁿ--kòe--ah
グァ クァン グェ アッ

| 台湾華語 | 我看過了。 |

Wǒ kǎn guò le
ウォ カン グォ ラ

- -

❷ もう探したよ。

| 台 湾 語 | 我揣過矣。 |

Góa chhōe--kòe--ah
グァ ツゥェ グェ アッ

| 台湾華語 | 我找過了。 |

Wǒ zhǎo guò le
ウォ ザウ グォ ラ

- -

❸ もう電話したよ。

| 台 湾 語 | 我有敲電話矣。 |

Góa ū khà tiān-ōe--ah
グァ ウ カ デン ウェ アッ

| 台湾華語 | 我打過電話了。 |

Wǒ dǎ guò diàn huà le
ウォ ダ グォ ディエン ホア ラ

台 湾 語	**台湾華語**
□看：見る	□看：見る
□揣：探す	□找：探す
□敲電話：電話する	□打電話：電話する

4
日
目

時
制
の
表
し
方

基本構文

まだ〜していません

主語 + 還没 + 動詞

・・・ 基本フレーズ ・・・・・・・・・・・・・・・・・・・・・・・・・・・・・・・・

我還没看。

Wǒ hái méi kàn
ウォ ハイ メイ カン

まだ見ていません。

・・・ ポイント解説 ・・・・・・・・・・・・・・・・・・・・・・・・・・・・・・・・

「もう〜しました」の否定形の作り方を学習しましょう。

「已經」（もう、既に）の反対語は「還没」（まだない）です。

まず、肯定文「主語＋已經＋動詞＋過了」の「已經」の位置に「還没」を入れます。そして、後ろの「過了」を取ります。

「主語＋還没＋動詞」

    我   還没   吃。 「私はまだ食べていない」

（私）（まだない）（食べる）

目的語として名詞を入れたい場合は、動詞「吃」の後ろに名詞「飯」を置いて、

    我   還没   吃飯。   「私はまだご飯を食べていない」

（私）（まだない）（ご飯を食べる）

となります。

1 まだ考えていません。

台湾語 我猶未想。

Góa iáu-bōe siūⁿ
グァ ヤウ ベ シウン

台湾華語 我還沒想。

Wǒ hái méi xiǎng
ウォ ハイ メイ シャン

2 まだ探していないよ。

台湾語 我猶未揣。

Góa iáu-bōe chhōe
グァ ヤウ ベ ツゥェ

台湾華語 我還沒找。

Wǒ hái méi zhǎo
ウォ ハイ メイ ザウ

3 まだ電話していない。

台湾語 我猶未敲電話。

Góa iáu-bōe khà tiān-ōe
グァ ヤウ ベ カ デン ウェ

台湾華語 我還沒打電話。

Wǒ hái méi dǎ diàn huà
ウォ ハイ メイ ダ ディエン ホァ

4日目
時制の表し方

台湾語	台湾華語
□ 猶未：まだない	□ 想：考える
□ 想：考える	□ 找：探す
□ 揣：探す	

基本構文

〜したことがあります

主語 ＋ 動詞 ＋ 過

・・・ **基本フレーズ** ・・・・・・・・・・・・・・・・・・・・・・・・・・・・・・・・・・・・・

我聽說過。

Wǒ tīng shuō guò

ウォ ティン スゥォ グォ

聞いたことがあります。

・・・ **ポイント解説** ・・・・・・・・・・・・・・・・・・・・・・・・・・・・・・・・・・・・・

「過」は、過去の経験を表すこともできます。過去の経験を表すときは「過」の後ろに「了」がつきません。

動作の完了（〜しました）を表す「主語＋（已經）＋動詞＋過了」と混同しないように注意してください。

また、基本フレーズの「聽説」、および「聽」は日本語に訳すと、いずれも「聞く」あるいは「聴く」になりますが、「聽説」は「聞くところによると〜」「〜だそうだ」、つまり、誰かが言っているのを聞いた、伝聞を意味する表現です。「聽」は音楽を聴いたりする「聴く」です。

1 私は台北に住んだことがあります。

台 湾 語 **我蹛過台北。**

Góa tòa kòe Tâi-pak
グァ ドァ グェ ダイ バッ

台湾華語 **我住過臺北。**

Wǒ zhù guò Tái běi
ウォ ズゥ グォ タイ ベイ

2 私は小龍包を食べたことがあります。

台 湾 語 **我食過小籠包。**

Góa chia̍h kòe *xiǎo lóng bāo*
グァ ジャッ グェ シャウ ロン バウ

※「小籠包」は華語発音。

台湾華語 **我吃過小籠包。**

Wǒ chī guò xiǎo lóng bāo
ウォ ツ グォ シャウ ロン バウ

3 私はアメリカに行ったことがあります。

台 湾 語 **我去過美國。**

Góa khì kòe Bí-kok
グァ キ グェ ビ ゴッ

台湾華語 **我去過美國。**

Wǒ qù guò Měi guó
ウォ チユイ グォ メイ グォ

台 湾 語	台湾華語
□蹛：住む	□住：住む
□去：行く	□去：行く
□美國：アメリカ	□美國：アメリカ

基本構文

〜したことがありません

主語 + 沒 + 動詞 + 過

・・・ 基本フレーズ ・・・・・・・・・・・・・・・・・・・・・・

我沒吃過臭豆腐。

Wǒ méi chī guò chòu dòu fǔ

ウォ メイ ツ グォ ツォ ドォ フ

私は臭豆腐を食べたことがありません。

・・・ ポイント解説 ・・・・・・・・・・・・・・・・・・・・・・

「〜したことがあります」の否定形「〜したことがありません」
は、肯定文「主語＋動詞＋過＋ 〜」の動詞の前に「沒」を入れて、
「主語＋沒＋動詞＋過＋ 〜」になります。

❶ 私はアメリカに行ったことがありません。

　　　　　　台湾語 **我毋捌去過美國。**

　　　　　　Góa m̄-bat khì kòe Bí-kok
　　　　　　グァ ム バッ キ グェ ビ ゴッ

　　　　　　台湾華語 **我沒去過美國。**

　　　　　　Wǒ méi qù guò Měi guó
　　　　　　ウォ メイ チュイ グォ メイ グォ

❷ 聞いたことがありません。

　　　　　　台湾語 **我毋捌聽過。**

　　　　　　Góa m̄-bat thiaⁿ--kòe
　　　　　　グァ ム バッ ティアン グェ

　　　　　　台湾華語 **我沒聽說過。**

　　　　　　Wǒ méi tīng shuō guò
　　　　　　ウォ メイ ティン スウォ グォ

❸ 私は空港線のMRT〔捷運〕に乗ったことがありません。

　　　　　　台湾語 **我毋捌坐過機場捷運。**

　　　　　　Góa m̄-bat chē kòe Ki-tiûⁿ Chia̍t-ūn
　　　　　　グァ ム バッ ゼ グェ ギ デュウン ジェッ ウン

　　　　　　台湾華語 **我沒搭過機場捷運。**

　　　　　　Wǒ méi dā guò Jī chǎng Jié yùn
　　　　　　ウォ メイ ダ グォ ジ ツァン ジェ ユィン

4日目
時制の表し方

台 湾 語	台湾華語
□ **聽**：聞く	□ **聽說**：聞く
□ **坐**：乗る	□ **搭**：乗る
□ **機場**：空港	□ **機場**：空港

台湾華語の過去、現在、未来

・・・

「昨天」（昨日）や「明天」（明日）など、いつのことなのか、はっきりとわかる時間副詞を使用することによって、いつ起きる動作なのかを表すことができます。

例えば「私は台湾に行きます」という意味の「我去台灣。」に、「昨日」「今日」「明日」という意味の時間副詞「昨天」「今天」「明天」をつけると、次のようになります。

〔過去形〕　我昨天去台灣。

　　　　　　（私は昨日、台湾に行きました）

〔現在形〕　我今天去台灣。

　　　　　　（私は今日、台湾に行きます）

〔未来形〕　我明天去台灣。

　　　　　　（私は明日、台湾に行きます）

となります。便利ですので、ぜひ覚えてください。

ちなみに、過去形で「了」（～した）を動詞の後ろにつけると、

〔過去形〕　我昨天去了台灣。

　　　　　　（私は昨日台湾に行きました）

となり、より自然なセンテンスになりますよ。

現在進行形の「正」「在」「正在」はどう違うの？

　台湾華語の現在進行形で「正」「在」「正在」という表現があります。3つとも日本語に訳せば「～している」になりますが、ニュアンスは微妙に違います。

　「正～呢」：時間に着目している表現

　「在～」：状態に着目している表現

　「正在～」：時間と状態の両方に着目している表現

　例えば「音楽を聞いています」は次のように表現できます。
(1)　我正聽音樂呢。

　例えば「今何をやっている？　ちょっと手伝って」という依頼に対し「今は音楽を聞いているところだから、大事な用事がなければジャマしないで」というようなニュアンスです。
(2)　我在聽音樂。

　例えば「今何をしている？」という質問に対し「今は音楽を聞いている」という状態そのものを説明するニュアンスです。
(3)　我正在聽音樂。

　文脈によっては、(1)のニュアンスの場合も(2)のニュアンスの場合も、あるいは両方のニュアンスの場合もあります。

　このように微妙にニュアンスが違う表現の使い分けを身につけるコツは、ネイティブの会話をたくさん聞いて、こういう場面ではこう使うと体で覚えていくことだと思います。

台湾人は英語の名前を持っている!?

初対面の台湾人から、「こんにちは、私の名前はトムです」「マギーと呼んでください」などと言われてビックリした経験はありませんか?

日本人にしてみれば、東洋人の顔立ちなのに、DavidやHelenなどと呼ぶのに抵抗があるかもしれませんが、台湾人同士では英語の名前で呼び合うことに違和感がなく、若い人たちの間でその傾向が顕著のような気がします。

では、台湾人はいつ英語名をつけるかというと、これは実体験に基づく話ですが、大体英語を勉強し始めた時に、先生から英語の名前を付けられたり、自分で気に入った英語名をつけたりしました。先生から付けられた英語名が気に入らないからと言って、英語名を何度も変えた人もいたり、軽いノリでした。

英語名を付ける理由としては、台湾華語の名前の発音が難しくて、外国人になかなか覚えてもらえず、仕事に支障が出るからということもあるようです。

では、日本人のように名字で呼べばよいではないかというご意見もありますが、「Mr. 陳」や「Miss 林」では、台湾では同姓の人が多く、紛らわしくなってしまいます。

　ちなみに日本で名前を知られている台湾の芸能人も英語名で紹介されていることが多いですね。

　「テレサ・テン」（鄧麗君 Dèng lì jūn）さん、「ジュディ・オング」（翁倩玉 Wēng qiàn yù）さん、「ビビアン・スー」（徐若瑄 Xú ruò xuān）さんなどがそうです。まれに英語名でない人もいますが、その代表例は「オーヤン・フィーフィー」（歐陽菲菲 Ōu yáng fēi fēi）さんです。

　おもしろいことに、英語名のみならず、その後に勉強した外国語に由来する名前を持つ人もいます。

　私が日本語を勉強した時に、本名から1文字を取って日本語の名前を付けられたこともありました。スペイン語を勉強した時にはスペイン語系の名前を。

　その国の人とその国の言葉で話している時に、やはりその国の名前で呼び合うほうが覚えてもらいやすいという台湾人の論理なのです。

5日目

....

疑問文

～ですか？

～嗎？

・・・ **基本フレーズ** ・・・・・・・・・・・・・・・・・・・・・・・・・・・・・・

你好嗎？

Nǐ hǎo mā

ニ ハウ マ

お元気ですか？

・・・ **ポイント解説** ・・・・・・・・・・・・・・・・・・・・・・・・・・・・・・

　文末に「嗎？」をつけると疑問文を作ることができます。日本語で文の最後に「か？」をつけるのとほぼ同じ感覚です。最もシンプルで基本的な疑問文です。

　語順を変えることもなく、簡単に台湾華語の疑問文を作ることができます。

　答えるときは疑問文の中にある動詞や形容詞を使って答えます。

　　你好嗎？　　　（お元気ですか？）

　　― 我很好。　（元気です）

「吃飽了嗎？」は、直訳すると「ご飯食べた？」ですが、明らかに食事の時間帯ではない時にもこのように聞かれる場合があります。その場合は軽く「こんにちは」「元気？」というあいさつです。

「実は、ご飯はまだなんだ」と、あまり真剣に答える台湾人はいません。軽く「謝謝，你呢？」（ありがとう、あなたは？）と答えましょう。

1 おいしい？ ― おいしい。

台 湾 語	敢好食？	真好食。

Kám hó-chia̍h　Chin hó-chia̍h
ガム ホ ジャッ　ジン ホ ジャッ

台湾華語	好吃嗎？	很好吃。

Hǎo chī mā　Hěn hǎo chī
ハウ ツ マ　ヘン ハウ ツ

2 好きですか？ ― 好きです。

台 湾 語	敢佮意？	真佮意。

Kám kah-ì　Chin kah-ì
ガム ガッ イ　ジン ガッ イ

台湾華語	喜歡嗎？	很喜歡。

Xǐ huān mā　Hěn xǐ huān
シ ホァン マ　ヘン シ ホァン

3 ご飯食べましたか？ ― ご飯食べました。

台 湾 語	敢食飽矣？	食飽矣。

Kám chia̍h-pá--ah　Chia̍h-pá--ah
ガム ジャッ バ アッ　ジャッ バ アッ

台湾華語	吃飽了嗎？	吃飽了。

Chī bǎo le mā　Chī bǎo le
ツ バウ ラ マ　ツ バウ ラ

5日目

疑問文

台 湾 語	台湾華語
□ 好食：おいしい	□ 好吃：おいしい
□ 佮意：好きである	□ 喜歡：好きである
□ 食飽：ご飯を食べる	□ 吃飽：ご飯を食べる

> **基本構文**
>
> A は B ですか？
>
> A ＋（肯定 ＋ 否定）＋ B ？

・・・ **基本フレーズ** ・・・・・・・・・・・・・・・・・・・・・・・・・・・・・・・・・・

你是不是日本人？

Nǐ shì bú shì Rì běn rén
ニ ス ブ ス リ ベン レン

あなたは日本人ですか？

・・・ **ポイント解説** ・・・・・・・・・・・・・・・・・・・・・・・・・・・・・・・・・・

　肯定形と否定形を並べると、疑問文の表現になります。答える側に、そのどちらかを選んでもらう形の疑問文です。これは日本語や英語にはない文型です。

　前の課で学んだ「〜嗎？」を使った疑問文と比較すると、日本語に訳した場合はほぼ同じ意味になりますが、台湾華語的にはニュアンスが若干違うところがあるように思えます。

　例えば「你是日本人嗎？」（あなたは日本人ですか？）の場合は、相手が日本人なのかどうかまったくわからない場合の疑問形です。

　「你是不是日本人？」の場合は、もしかして日本人ではないかと思いながら、確認しようというニュアンスが入っています。日本語にすると「あなたは（もしかして）日本人ですか？」というニュアンスに近いかもしれません。

1 おいしい？ ― 悪くないね。

台湾語	有好食無？	袂穩啊。
	Ū hó-chiảh--bô	Bē-bái ah
	ウ ホ ジャッ ボ	ベ バイ アッ

台湾華語	好不好吃？	不錯啊。
	Hǎo bù hǎo chī	Bú cuò a
	ハウ ブ ハウ ツ	ブ ツォ ア

2 お金を持っている？ ― いいえ（持っていない）。

台湾語	你敢有錢？	無。
	Lí kám ū chîⁿ	Bô
	リ ガム ウ ジン	ボ

台湾華語	你有沒有錢？	沒有。
	Nǐ yǒu méi yǒu qián	Méi yǒu
	ニ ヨ メイ ヨ チェン	メイ ヨ

3 疲れましたか？ ― いいえ（疲れていない）。

台湾語	你敢會忝？	袂。
	Lí kám ē thiám	Bē
	リ ガム エ テャム	ベ

台湾華語	你累不累？	不累。
	Nǐ lèi bú lèi	Bú lèi
	ニ レイ ブ レイ	ブ レイ

5日目
疑問文

台湾語	台湾華語
□ 袂：〜ない	□ 錯：悪い
□ 穩：悪い	□ 錢：お金
□ 錢：お金	□ 累：疲れる

> **基本構文**
> ～は何ですか？
> ～什麼？

這是什麼？

Zhè shì shén me
ゼ ス センモ

これは何ですか？

「什麼」は「何」「どんな」という意味です。英語で言うと what です。

「這是什麼？」は英語で言うと What is this? です。「什麼＋名詞？」の使い方もあります。

　例 「什麼地方？」（どんな場所？）
　　　「什麼東西？」（どんなもの？）
　　　「什麼菜？」　（どんな料理？　何の料理？）
といろいろ組み合わせれば、簡単に文ができます。

1 これは何の料理ですか？

台 湾 語 **這是啥物菜？**

Che sī siáⁿ-mih chhài
ゼ　シ　シャン　ミッ　ツァイ

台湾華語 **這是什麼菜？**

Zhè shì shén me cài
ゼ　ス　セン　モ　ツァイ

- -

2 これは何ですか？

台 湾 語 **這是啥物物件？**

Che sī siáⁿ-mih mih-kiāⁿ
ゼ　シ　シャン　ミッ　ミッ　ギャン

台湾華語 **這是什麼東西？**

Zhè shì shén me dōng xī
ゼ　ス　セン　モ　ドン　シ

- -

3 お名前は何ですか？

台 湾 語 ***毋知欲按怎稱呼？***

M̄-chai beh án-chóaⁿ chheng-ho͘
ム　ザイ　ベッ　アン　ズゥアン　チン　ホ

台湾華語 **你叫什麼名字？**

Nǐ jiào shén me míng zi
ニ　ジャウ　セン　モ　ミン　ズ

台 湾 語	**台湾華語**
□ 啥物：何	□ 菜：料理
□ 物件：もの	□ 東西：もの
□ 按怎：どのように、何	□ 名字：名前

基本構文

～は誰ですか？

～誰？

・・・ **基本フレーズ** ・・・・・・・・・・・・・・・・・・・・・・・・・・・・・・・

他是誰？

Tā shì shuí
タ ス スェ

彼は誰ですか？

・・・ **ポイント解説** ・・・・・・・・・・・・・・・・・・・・・・・・・・・・・・・

「誰」は「誰」という意味です。英語で言うと who です。

「あの人は誰だっけ？」とたずねたりする時などに、基本フレーズの「他是誰？」が使えます。

相手からあいさつされて、相手の名前を思い出せない場合など、「請問，您是…？」（すみません、あなた（のお名前）は…？）と言いながら言葉を濁せば、相手が察して名乗ってくれるはずです。

「どちら様ですか？」の場合は「請問是哪位？」です。

ドアをノックしてきた相手に対して「誰ですか？」と聞く場合は「誰啊？」と対応します。

注「你是誰？」は直訳すると「あなたは誰ですか？」となり、目の前にいる相手に対して言うと、日本語と同様に失礼になります。ニュアンス的には「お前は誰だ？」に近いような気がします。

1 これは誰の（もの）？
　― 　知らない。

|台湾語| 這是啥人的？　　　毋知。

Che sī siáⁿ-lâng--ê　　M-chai
ゼ シ シャン ラン エ　　ム ザイ

|台湾華語| 這是誰的？　　　不知道。

Zhè shì shuí de　　Bù zhī dào
ゼ　ス スェ ダ　　ブ ズ ダゥ

2 失礼ですが、誰をおたずねですか？〔電話で〕
　― 　李社長をお願いします。

|台湾語| 請問，你欲揣啥人？　　　李經理。

Chhiáⁿ-mñg　lí beh chhōe siáⁿ-lâng　Lí Keng-lí
チァン モン　リ ベッ ツゥェ シャン ラン　リ ギン リ

|台湾華語| 請問，找誰？　　　李經理。

Qǐng wèn zhǎo shuí　　Lǐ Jīng lǐ
チン　ウン ザゥ スェ　　リ ジン リ

3 ごめんください。〔（どなたか）いますか？〕
　― 　誰ですか？

|台湾語| 有人佇咧無？　　　啥人？

Ū-lâng tī--leh--bô　　Siáⁿ-lâng
ウ ラン ディ レッ ボ　　シャン ラン

|台湾華語| 有人在嗎？　　　誰？

Yǒu rén zài mā　　Shuí
ヨゥ レン ザイ マ　　スェ

台湾語	台湾華語
□啥人：誰	□知道：知っている
□佇：いる	□在：いる

基本構文

～はどこですか？

～在哪裡？

・・・ **基本フレーズ** ・・・・・・・・・・・・・・・・・・・・・・・・・・・・・・

車站在哪裡？

Chē zhàn zài nǎ lǐ
ツェ ザン ザイ ナ リ

駅はどこですか？

・・・ **ポイント解説** ・・・・・・・・・・・・・・・・・・・・・・・・・・・・・・

　「哪裡」は「どこ」という意味です。「裡」を省略して「哪」
だけでも OK です。

　「在」を使った構文の「場所（～）＋在＋哪裡？」は「～はど
こですか？」「～はどこにありますか？」ですが、「有」を使った
構文の「哪裡＋有＋場所（～）？」は「どこに～がありますか？」
という意味になります。場所を聞きたい時はいずれも OK です。

　「どこの～？」は「哪裡（的）～？」になります。
　例　「你是哪裡人？」
　　　（あなたはどこの出身？）　直訳：あなたはどこの人？

　余談ですが、何かほめられた時に「とんでもありません」など
と言う場合、台湾華語では「哪裡」を2回繰り返して使います。
　例　「你好聰明啊！」（頭がいいですね！）
　　　―「哪裡哪裡！」（とんでもありません！）

1 すみません、トイレはどこですか？

— まっすぐ行って突きあたりの所です。

|台 湾 語| 請問，便所佇佗位？　　　　直行到底。

Chhiáⁿ-mn̄g　piān-só͘ tī tó-ūi　　Tit-kiâⁿ kàu té
チァン モン ビェン ソ ディ ド ウィ　　ディッ ギャン ガウ デ

|台湾華語| 請問，洗手間在哪？　　　　直走到底。

Qǐng wèn　xǐ shǒu jiān zài nǎ　　Zhí zǒu dào dǐ
チン ウン シ ソウ ジェン ザイ ナ　　ズ ゾウ ダウ ディ

2 すみません、これはどこで売っていますか？

— 知りません。

|台 湾 語| 請問，佗位有咧賣這？　　　毋知呢。

Chhiáⁿ-mn̄g　tó-ūi ū teh bē che　　M̄-chai neh
チァン モン ド ウィ ウ デッ ベ ゼ　　ム ザイ ネッ

|台湾華語| 請問，哪裡有賣這個？　　　不知道吧。

Qǐng wèn　nǎ lǐ yǒu mài zhè ge　　Bù zhī dào ye
チン ウン　ナ リ ヨ　マイ ゼ ガ　　ブ ズ ダウ イェ

3 すみません、切符売場はどこですか？

— 3階です。

|台 湾 語| 請問，佇佗位通拆票？　　　三樓哦。

Chhiáⁿ-mn̄g　tī tó-ūi thang thiah-phiò　Saⁿ-lâu oh
チァン モン　ディ ド ウィ タン テャッ ピョ　サン ラウ オッ

|台湾華語| 請問，售票處在哪？　　　　三樓哦。

Qǐng wèn　shòu piào chù zài nǎ　　Sān lóu o
チン ウン　ソウ ピャウ ツゥ ザイ ナ　　サン ロウ オ

台 湾 語	台湾華語
□賣：売る	□賣：売る
□樓：〜階	□樓：〜階

基本構文

〜は何時ですか?

〜幾點?

- - - **基本フレーズ** -

現在幾點?

Xiàn zài jǐ diǎn
シェン ザイ ジ ディェン

今、何時ですか?

- - - **ポイント解説** -

時刻の表現は、基本的な部分では日本語と共通しているところが多いです。

「〜時〜分」は「〜點 (diǎn) 〜分 (fēn)」、

「〜月〜日」は「〜月 (yuè) 〜日 (rì)」または「〜月 (yuè) 號 (hào)」です。

1ケタの数字を予想してたずねる時は「幾」(jǐ) を使います。

例 「幾位?」(Jǐ wèi) (何名様?)

「幾個?」(Jǐ ge) (何個?)

ちなみに「幾」のような制限がなく、どの数字に対してもたずねることができるのは「多少」(duō shǎo) です。

例 「多少人?」(Duō shǎo rén) (何名?)

※大勢の人数を予想した時

❶ 今、何時ですか？

— 2時38分です。

台湾語	這陣幾點？	兩點三十八分。

Chit-chūn kúi-tiám   Nñg-tiám sa^n-cha̍p-peh hun
ジッ ズゥン グィ デャム   ネン デャム サン ザップ ベッ フン

台湾華語	現在幾點？	両點三十八分。

Xiàn zài jǐ diǎn   Liǎng diǎn sān shí bā fēn
シェン ザイ ジ ディエン   リャン ディエン サン ス バ フェン

❷ あなたの仕事は何時に終わるの？

— 6時半だよ。

台湾語	你的工課到幾點煞？	六點半。

Lí ê khang-khòe kàu kúi-tiám soah   La̍k-tiám-pòa^n
リ エ カン クェ ガウ グィ デャム スアッ   ラッ デャム ブァン

台湾華語	你工作幾點結束？	六點半。

Nǐ gōng zuò jǐ diǎn jié shù   Liù diǎn bàn
ニ ゴン ズゥォ ジ ディエン ジェ スゥ   リョ ディエン バン

5日目

疑問文

台湾語	台湾華語
□ 這陣：今	□ 現在：今
□ 工課：仕事	□ 工作：仕事

基本構文

~はどうですか？

~怎麼樣？

・・・ 基本フレーズ ・・・・・・・・・・・・・・・・・・・・・・・・・・・・・・・・

你最近怎麼樣？

Nǐ zuì jìn zěn me yàng
ニ ズゥェ ジン ゼン モ ヤン

最近どう？

・・・ ポイント解説 ・・・・・・・・・・・・・・・・・・・・・・・・・・・・・・・・・

「怎麼樣」は、様子や状況をたずねる疑問詞です。略して「怎麼」として使うこともできます。この場合の「怎麼樣」の同義語は「如何」です。

例えば、「你最近怎麼樣？」の文を「你最近如何？」と言いかえることもできます。

1 最近、仕事はどう？
　— まあまあ。

　　　　　台 湾 語　最近工課按怎？　　　　　　　馬馬虎虎。

　　　　　Chòe-kīn khang-khòe án-chóaⁿ　Má-má-hu-hu
　　　　　ズゥエ ギン カン クエ アン ズゥアン　マ　マ　フ　フ

　　　　　台湾華語　最近工作怎麼樣？　　　　　　還好。

　　　　　Zuì jìn gōng zuò zěn me yàng　Hái hǎo
　　　　　ズゥエ ジン ゴン ズゥォ ゼン モ ヤン　ハイ ハウ

2 試験はどうだった？
　— まずまずかな。

　　　　　台 湾 語　考試考了按怎？　　　　　　　猶會得過。

　　　　　Khó-chhì khó liáu án-chóaⁿ　Iáu ē-tit-kòe
　　　　　コ チ コ リャウ アン ズゥアン　ヤウ エ ディッ グェ

　　　　　台湾華語　考試考得怎麼樣？　　　　　　還可以。

　　　　　Kǎo shì kǎo de zěn me yàng　Hái kě yǐ
　　　　　カウ ス　カウ ダ ゼン モ ヤン　ハイ カ イ

3 仕事探しはどうなの？
　— まだ見つからないんです。

　　　　　台 湾 語　工課揣了啥款？　　　　　　　猶未揣著。

　　　　　Khang-khòe chhōe liáu siáⁿ-khoán　Iáu-bōe chhōe--tiȯh
　　　　　カン クエ ツゥエ リャウ シャン クアン　ヤウ ベ ツゥエ デヨッ

　　　　　台湾華語　工作找得怎麼樣？　　　　　　還沒找到。

　　　　　Gōng zuò zhǎo de zěn me yàng　Hái méi zhǎo dào
　　　　　ゴン ズゥォ ザウ ダ ゼン モ　ヤン　ハイ メイ ザウ ダウ

台 湾 語	台湾華語
□考試：試験	□考試：試験
□揣：探す	□找：探す

5日目

疑問文

117

基本構文

なぜですか？

為什麼？

・・ **基本フレーズ** ・・・・・・・・・・・・・・・・・・・・・・・・・・・・

你為什麼要來台灣？

Nǐ wèi shén me yào lái Tái wān
ニ ウェイ センモ ヤウ ライ タイ ワン

あなたはなぜ台湾に来たのですか？

・・ **ポイント解説** ・・・・・・・・・・・・・・・・・・・・・・・・・・・・

「なぜ？」「どうして？」など、理由や原因をたずねる表現には
「為什麼？」（wèi shén me）と「怎麼？」（zěn me) があります。

「為什麼」は英語で言うと why（なぜ）で、「怎麼」は英語で
言うと why（なぜ）だけでなく、how（どうして、どうやって、
どのように）の意味も含まれます。

　　例　「你為什麼哭？」（なぜ泣いているの？）

　　　　「你怎麼哭了？」（どうして泣いているの？）

「為什麼」と「怎麼」の大きな違いは、「怎麼」には方法や方式
をたずねるニュアンス（つまり how のニュアンス）があるのに
対し、「為什麼」には how のニュアンスがないことです。

　　例　「これ、どうやって食べるの？」

　　　　○　「這怎麼吃？」

　　　　×　「這為什麼吃？」

1 なぜ遅刻したのですか？

　　　　　　　　　台湾語 你是按怎遲到？

　　　　　　　　　Lí sī án-chóaⁿ tî-tò
　　　　　　　　　リ シ アン ズゥアン ディ ド

　　　　　　　　　台湾華語 你為什麼遲到？

　　　　　　　　　Nǐ wèi shén me chí dào
　　　　　　　　　ニ ウェイ センモ ツ ダウ

2 なぜ怒らないのですか？

　　　　　　　　　台湾語 你是按怎毋受氣？

　　　　　　　　　Lí sī án-chóaⁿ m̄ siū-khì
　　　　　　　　　リ シ アン ズゥアン ム スゥ キ

　　　　　　　　　台湾華語 你為什麼不生氣？

　　　　　　　　　Nǐ wèi shén me bù shēng qì
　　　　　　　　　ニ ウェイ センモ ブ セン チ

3 なぜ言うことを聞かないの？

　　　　　　　　　台湾語 你是按怎毋聽話？

　　　　　　　　　Lí sī án-chóaⁿ m̄ thiaⁿ-ōe
　　　　　　　　　リ シ アン ズゥアン ム テャン ウェ

　　　　　　　　　台湾華語 你為什麼不聽話？

　　　　　　　　　Nǐ wèi shén me bù tīng huà
　　　　　　　　　ニ ウェイ センモ ブ ティン ホァ

5日目

疑問文

台湾語	台湾華語
□ 按怎：どうして	□ 遲到：遅刻する
□ 遲到：遅刻する	□ 生氣：怒る
□ 受氣：怒る	□ 聽話：聞き分けがよい

反復疑問文の作り方

・・・・・・・・・・・・・・・・・・・・・・・・・・・・・・・・・・・・・

　反復疑問文の作り方は、基本は

　「Ａ＋（肯定＋否定）＋Ｂ？」です。

「是」の場合は「Ａ＋是不是＋Ｂ？」

「對」の場合は「Ａ＋對不對＋Ｂ？」

「好」の場合は「Ａ＋好不好＋Ｂ？」

　例　「你是日本人嗎？」　（あなたは日本人ですか？）

　　　「你是不是日本人？」（あなたは日本人ですか？）

反復疑問文の注意点

（1）　動詞「有」の反復型は「有沒有」で、「有不有」ではあ
　　りません。

　　例　○「你有沒有事？」（大丈夫ですか？）

　　　　×「你有不有事？」

（2）　反復疑問文の文末には「嗎」をつけません。「呢」をつ
　　けます。この「呢」は省略できます。

　　例　○「你是不是日本人呢？」（あなたは日本人ですか？）

　　　　×「你是不是日本人嗎？」（あなたは日本人ですか？）

台湾華語に「はい」と「いいえ」はない!?

　台湾華語で「はい」と「いいえ」は何と言うのですかとよく聞かれます。少し台湾華語を学んだことのある方なら、「是」と「不是」、「對」と「不對」と思うかもしれません。これらは間違いではありませんが、100 パーセント正解でもないのです。

　英語の「Yes」「No」、日本語の「はい」「いいえ」のように、一言で対応できる表現は台湾華語（台湾語）にはありません。

　「是」を用いた疑問文に対して、「はい」「そうです」と返事をする場合は「是」を、「いいえ」の場合は「不是」を使います。「有」を用いた疑問文に対して、「はい」の場合は「有」を、「いいえ」の場合は「沒有」を使います。

　その他に、疑問文の中で使われた動詞を用いて、「イエス」の場合はその動詞のままで、「ノー」の場合はその動詞の前に「不」か「沒」をつけて答えます。

「可以嗎？」（いいですか？）　→「可以。」　（いいよ）
　　　　　　　　　　　　　　　　　「不可以。」（いやだよ）

「會嗎？」（できますか？）　　→「會。」　　（できるよ）
　　　　　　　　　　　　　　　　　「不會。」　（できないよ）

「知道嗎？」（わかりますか？）→「知道。」　（わかるよ）
　　　　　　　　　　　　　　　　　「不知道。」（わからないよ）

いろいろな数量詞

・・・・・・・・・・・・・・・・・・・・・・・・・・・・・・・・・・・・・・

　日本語と同様に、台湾華語も台湾語もいろいろな「数量詞」
があります。

　物や動作などを数える時には、それぞれ適切な数量詞を使
いましょう。初心者泣かせのようですが、共通しているとこ
ろも多いので、まずはそこから覚えていくことをおすすめし
ます。

　通常、指示代名詞と名詞の間に数量詞（〜本、〜台、〜隻
など）を入れます。

＜日本語＞　　　　　＜台湾語＞　　＜台湾華語＞

「この（1冊の）本」　　這本冊　　　這本書

「あの（1台の）車」　　彼台車　　　那台車

「どの（1匹の）ネコ」　佗一隻貓　　哪隻貓

「トイレ」の言い方

∙∙

　日本語で「トイレ」「お手洗い」「化粧室」「便所」などの表現があるように、台湾華語にもいろいろな表現があります。

　　「トイレ」　　→「廁所」　　(cè suǒ)
　　「お手洗い」→「洗手間」（xǐ shǒu jiān）
　　「化粧室」　→「化妝室」（huà zhuāng shì）
といったところでしょうか。

　台湾語では「便所」(piān-só) といって、文字通り日本語の「便所」にあたります。この他にも台湾では「WC」も「トイレ」の意味で使われています。

　例　「我想上廁所。」（トイレに行きたい）

　ところで台湾ではトイレに行く時、次のような表現もあります。
　例　「我想去大號。」（大に行きたい）
　　　「我想去小號。」（小に行きたい）

6日目

可能・許可・依頼を
表す文

～できます①

A ＋ 會 ＋ 動詞～

・・・ **基本フレーズ** ・・・・・・・・・・・・・・・・・・・・・・・・・・・・・

我會台語。

Wǒ huì Tái yǔ
ウォ ホエイ タイ ユィ

私は台湾語ができます。

・・・ **ポイント解説** ・・・・・・・・・・・・・・・・・・・・・・・・・・・・・

　能力や可能性などを表す台湾華語は、
「會」（huì）、「能」（néng）、「可以」（kě yǐ）
の3つがあります。
　日本語に訳すと、いずれも「～できる」になるので、日本人の
学習者にとって、少し混乱を招きやすい表現です。

　「會」は、練習したり、学習したり、習得できる能力、技能、コツ、
テクニックなどの時に使います。語学、スポーツ、技術など、ま
さに学習すればできることに「會」を使います。

　否定形は簡単です。「會」の前に「不」をつけて「不會」を使
います。
　基本フレーズの否定形ですと「我不會台語。」（私は台湾語がで
きません）になります。

❶ 私はパソコンができます。

台湾語 **我會曉電腦。**

Góa ē-hiáu tiān-náu
グァ エ ヒャウ デン ナウ

台湾華語 **我會電腦。**

Wǒ huì diàn nǎo
ウォ ホエイ ディエン ナウ

- -

❷ 私は車を運転できます。

台湾語 **我會曉駛車。**

Góa ē-hiáu sái-chhia
グァ エ ヒャウ サイ チャ

台湾華語 **我會開車。**

Wǒ huì kāi chē
ウォ ホエイ カイ ツェ

- -

❸ 私は台湾語（台湾華語）が話せます。

台湾語 **我會曉講台語。**

Góa ē-hiáu kóng Tâi-gí
グァ エ ヒャウ ゴン ダイ ギ

台湾華語 **我會說國語。**

Wǒ huì shuō Guó yǔ
ウォ ホエイ スウォ グォ ユィ

台 湾 語	台湾華語
□ 會曉～：～できる	□ 電腦：パソコン
□ 電腦：パソコン	□ 開車：車を運転する
□ 駛車：車を運転する	□ 國語 ※台湾では「台湾華語」の意味。

6日目

可能・許可・依頼を表す文

127

基本構文

～できます②

Ａ ＋ 能 ＋ 動詞～

• • • **基本フレーズ** •

我能喝酒。

Wǒ néng hē jiǔ

ウォ ネン ハ ジョ

私はお酒を飲めます。

• • • **ポイント解説** •

「能」は、能力があって、周囲や主観的な状況に影響されて、できるかどうかの時に使います。

場合によっては「會」と「能」を入れ替えると意味が変わったりしますが、文として成り立つ場合もありますし、入れ替えることができない場合もあります。

例えば「我會台語」は成立しても「我能台語」は成立しません。

しかし、「我會開車」「我能開車」は両方とも成立します。「我會開車」は、学習して運転の技術を覚えたので「運転できる」です。「我能開車」は、運転の技術を持っていますが、例えば手にけがをしている状況だが「運転はできる」という意味です。

否定形にすると「我不會喝酒」も「我不能喝酒」も日本語では「私はお酒を飲めません」ですが、前者は体質的に一口も飲めないのに対し、後者は、本当はお酒を飲めるのですが、ドクターストップなどで飲んではいけないというニュアンスです。

1 自分でできます。

> 台湾語 我會當家己來。
>
> Góa ē-tàng ka-kī lâi
> グァ エ ダン ガ ギ ライ

> 台湾華語 我能自己來。
>
> Wǒ néng zǐ jǐ lái
> ウォ ネン ズ ジ ライ

- -

2 私は参加できる。

> 台湾語 我會當參加。
>
> Góa ē-tàng chham-ka
> グァ エ ダン ツァム ガ

> 台湾華語 我能參加。
>
> Wǒ néng cān jiā
> ウォ ネン ツァン ジャ

- -

3 私は理解できる。

> 台湾語 我會當理解。
>
> Góa ē-tàng lí-kái
> グァ エ ダン リ ガイ

> 台湾華語 我能理解。
>
> Wǒ néng lǐ jiě
> ウォ ネン リ ジェ

6日目

可能・許可・依頼を表す文

台 湾 語	台湾華語
□ 會當〜：〜できる	□ 自己：自分
□ 家己：自分	□ 參加：参加する

基本構文

~できます③

A + 可以 + 動詞~

・・・ **基本フレーズ** ・・・・・・・・・・・・・・・・・・・・・・・・・・・・

你可以拍照。

Nǐ kě yǐ pāi zhào
ニ カイ パイ ザウ

写真を撮ってもよいです。

・・・ **ポイント解説** ・・・・・・・・・・・・・・・・・・・・・・・・・・・・

「主語＋可以＋動詞~」は、大きく２つの意味合いを持ちます。

１つは「~できる」。この場合は「主語＋能」（~できる）とほとんどの場合、意味合いが似ており、言い換えることができます。

もう１つの意味は「~してもいい」で、許可を表します。語尾に疑問の「嗎？」をつけると、「~してもいいですか？」という意味になります。

否定形は、「不」を「可以」の前につけます。「不可以」は、許可の反対で、禁止を表すことが多いです。

＜発音のポイント＞

「可以」の発音は、ピンインの表記では「kě yǐ」〔三声＋三声〕です。

実は台湾華語では三声が続くと発音しづらく、最初の三声が変調して二声になるのです。つまり、表記では「kě yǐ」ですが、実際の発音は「ké yǐ」〔二声＋三声〕になります。

130

1 想像できます。

台湾語 **我會使想像。**

Góa ē-sái sióng-siōng
グァ エ サイ ション ション

台湾華語 **我可以想像。**

Wǒ kě yǐ xiǎng xiàng
ウォ カイ シャン シャン

- -

2 あなたを許すことができる。

台湾語 **我會使原諒你。**

Góa ē-sái goân-liōng--lí
グァ エ サイ グァン リョン リ

台湾華語 **我可以原諒你。**

Wǒ kě yǐ yuán liàng nǐ
ウォ カイ ユェン リャン ニ

- -

3 あなたをお手伝いすることができます。

台湾語 **我會使共你鬥跤手。**

Góa ē-sái kā lí tàu-kha-chhiú
グァ エ サイ ガ リ ダウ カ チュ

台湾華語 **我可以幫你。**

Wǒ kě yǐ bāng nǐ
ウォ カイ バン ニ

6日目

可能・許可・依頼を表す文

台 湾 語	台湾華語
□ 會使：～できる	□ 想像：想像する
□ 原諒：許す	□ 原諒：許す
□ 鬥跤手：手伝う	□ 幫：助ける、手伝う

基本構文

～できます④

A ＋ 敢 ＋ 動詞～

基本フレーズ

你敢吃臭豆腐嗎？

Nǐ gǎn chī chòu dòu fǔ mā
ニ ガン ツ ツォ ドォフ マ

あなたは臭豆腐を食べられますか？

ポイント解説

「敢＋動詞 ～」は「勇気があって、敢えて～する」「思い切っ
て～する」という意味です。

例えば「敢吃 …」は「…を食べられるかどうか」を表現する
時に使います。日本語になじみの薄い表現なので、慣れるのに少
し時間がかかるかもしれません。

否定形は「不」を「敢」の前につけて、「不敢＋動詞～」の形
になります。

「香菜（xiāng cài）」（パクチー）が苦手な人、いますよね。香菜
が食べられない時は、「我不敢吃香菜」（私はパクチーを食べられ
ない）と言ってみてはいかがでしょうか。

「香菜」の部分をあなたの苦手な食べ物に置きかえて、表現の
レパートリーを増やしてみてください。

1 私は辛いものを食べられません。

台 湾 語　我**毋**敢食薟的。

Góa m̄-káⁿ chiȧh hiam--ê
グァ ム ガン ジャッ ヒャム エ

台湾華語　我不敢吃辣的。

Wǒ bù gǎn chī là de
ウォ ブ ガンツ ラ ダ

- -

2 私にはできない。

台 湾 語　我**毋**敢。

Góa m̄-káⁿ
グァ ム ガン

台湾華語　我不敢。

Wǒ bù gǎn
ウォ ブ ガン

- -

3 信じられない。

台 湾 語　我**毋**敢相信。

Góa m̄-káⁿ siong-sìn
グァ ム ガン ション シン

台湾華語　我不敢相信。

Wǒ bù gǎn xiāng xìn
ウォ ブ ガン シャン シン

6日目

可能・許可・依頼を表す文

台 湾 語	台湾華語
□薟：辛い	□辣：辛い
□相信：信じる	□相信：信じる

133

基本構文

どうぞ～してください

請 ＋ 動詞～

・・・ 基本フレーズ ・・

請稍等。

Qǐng shāo děng
チン サウ デン

どうぞお待ちください。

・・・ ポイント解説 ・・

「請～」は、文頭に置いて「どうぞ～」「お願いして～してもらう」という時によく使います。英語の please に似ています。丁寧表現です。

「どうぞ～」以外にも「請」を冠する表現を日常生活の中でよく見かけます。

　　例　「今天我請客。」（今日は僕のおごりだ）

　　　　「明天我想請假。」（明日、休みたい）

「請客」（qǐng kè）は、「おごる」という意味です。台湾人はあまり割り勘の習慣がないので、だいたい誰かがおごるのが普通です。一度くらいはこの言葉を耳にすることがあると思います。

「請假」（qǐng jià）は、「休みを取る」という意味です。
これらを覚えておくと便利ですよ。

1 どうぞお入りください。

台湾語 **請入來。**

Chhiáⁿ jip--lâi
チャン ジブ ライ

台湾華語 **請進。**

Qǐng jìn
チン ジン

2 どうぞゆっくりお召し上がりください。

台湾語 **請沓沓仔用。**

Chhiáⁿ tảuh-tảuh-á ēng
チャン ダウッ ダウッ ア イン

台湾華語 **請慢用。**

Qǐng màn yòng
チン マン ヨン

3 どうぞゆっくりお話しください。

台湾語 **請講較慢咧。**

Chhiáⁿ kóng khah bān--leh
チャン ゴン　カッ　バン レッ

台湾華語 **請說慢點。**

Qǐng shūo màn diǎn
チン スゥォ マン ディエン

6日目

可能・許可・依頼を表す文

台 湾 語	台湾華語
□ 入來：入って来る	□ 進：入る
□ 沓沓仔：ゆっくり	□ 慢用：ゆっくり召し上がる
□ 講：話す	□ 說：話す
□ 較：比較的に	□ 慢：ゆっくり

台湾華語の3つの「できる」
「會」「能」「可以」のまとめ

・・・

　「～できる」は、台湾華語では「會」「能」「可以」で表す
ことができます。

（1）「會」…習得してできる

　言語、スポーツなど、技能として「できる」という時です。
練習を通してできるので、うまいかどうかは「會」だけでは
わかりません。否定形は「不會」です。

　　例　「我會游泳。」　（私は泳げます）

　　　　「我不會游泳。」（私は泳げません）

（2）「能」…先天的に能力があってできる

　条件として「できる」という時に使います。能力、許可、
外的条件の３つの「できる」に広く対応しています。否定形
は「不能」です。

　　例　「我沒喝酒，能開車。」

　　　　（お酒を飲んでいないから、車を運転できる）

　　　　「我喝酒了，不能開車。」

　　　　（お酒を飲んだから、車を運転できない）

（3）「可以」…条件、能力があってできる

　能力として使う場合は「能」の意味と似ています。その他に許可としての意味も持ちます。

　　例　「我可以喝酒。」

　　　　（私はお酒を飲めます＝お酒を飲んでもいい）

　例えば、医者から言われてお酒を飲んではいけなかったが、やっと許可が出て飲めるようになったというような感じです。

台湾華語では「不會」を濫用 !?

「會」の使い方には、台湾独特の言い回しや表現があります。

（1）「會＋形容詞＋嗎？」
　　例　「會冷嗎？」（寒くない？）
　　　　「會熱嗎？」（暑くない？）

　反復疑問文の「會不會」を使って、文を作ってみましょう。
　　例　「會不會冷？」（寒くない？）
　　　　「會不會熱？」（暑くない？）

（2）「どういたしまして」としての「不會」

「謝謝」（ありがとう）に対して、ほとんどのテキストでは「不客氣」（どういたしまして）と教えているのではないでしょうか。台湾では、軽い「どういたしまして」の場合は「不會」を使います。

台湾華語で自己紹介の例

. . . .

皆さん、こんにちは。

私は佐藤です。

みんなから友紀と呼ばれています。

皆さんにお目にかかれてうれしく思います。

趣味は登山と美術館めぐりです。

グルメも好きです。

今回は初めての台湾です。

たくさんの台湾人の友達ができるとうれしいです。

大家好。

Dà jiā hǎo

ダ ジャ ハウ

我是佐藤。

Wǒ shì Zuǒ téng

ウォ ス ズゥオ テン

大家都叫我友紀。

Dà jiā dōu jiào wǒ Yuki

ダ ジャ ドウ ジャウ ウォ ユキ

很開心能夠認識大家。

Hěn kāi xīn néng gòu rèn shì dà jiā

ヘン カイ シン ネン ゴウ レンス ダ ジャ

我的興趣是登山跟逛美術館。

Wǒ de xìng qù shì dēng shān gēn guàng měi shù guǎn

ウォ ダ シン チュイ ス デン サン ゲン グァン メイ スゥ グァン

也喜歡美食。

Yě xǐ huān měi shí

イェ シ ホアン メイ ス

這是我第一次來台灣。

Zhè shì wǒ dì yī cì lái Tái wān

ゼ ス ウォ ディ イ ツ ライ タイ ワン

希望能交到很多台灣朋友。

Xī wàng néng jiāo dào hěn duō Tái wān péng yǒu

シ ワン ネン ジャウ ダウ ヘン ドゥオ タイ ワン ポン ヨ

7日目

....

会話　実践編

A：こんにちは。

B：こんにちは。

・・

A：お元気ですか？

B：元気です。あなたは？

・・

A：おはようございます。

B：おはようございます。

・・

A：ご飯食べましたか？

B：食べました。あなたは？

ひとことメモ

　コミュニケーションはあいさつから。「你好」（こんにちは）は相手が1人の時に使います。相手が2人以上の時は「大家好」（皆さん、こんにちは）を使います。「你好」（3声＋3声）は、発音する際は「2声＋3声」になります。

A：**你好。**
Lí hó
リ ホ

你好。
Nǐ hǎo
ニ ハウ

B：**你好。**
Lí hó
リ ホ

你好。
Nǐ hǎo
ニ ハウ

A：**你好無？**
Lí hó--bô
リ ホ　ボ

你好嗎？
Nǐ hǎo mā
ニ ハウ マ

B：**真好，你咧？**
Chin hó lí--leh
ジン ホ　リ レッ

我很好，你呢？
Wǒ hěn hǎo　nǐ ne
ウォ ヘン ハウ　ニ ナ

A：**勢早。**
Gâu-chá
ガウ ザ

早。
Zǎo
ザウ

B：**勢早。**
Gâu-chá
ガウ ザ

早。
Zǎo
ザウ

A：**食飽未？**
Chia̍h-pá--bē
ジャッ バ　ベ

吃飽了嗎？
Chī bǎo le mā
ツ　バウ ラ マ

B：**食飽矣。　你咧？**
Chia̍h-pá--ah　Lí--leh
ジャッ バ アッ　リ レッ

吃飽了。你呢？
Chī bǎo le　Nǐ ne
ツ　バウ ラ　ニ ナ

7
日目

会話　実践編

A：お久しぶり。

B：お久しぶり。

- -

A：最近どう？

B：まあまあだよ。

- -

A：最近、仕事の調子はどう？

B：忙しいです。

- -

A：ご家族は元気ですか？

B：皆、元気です。

ひとことメモ

　家族付き合いを大事にしている台湾人にとって、相手のご家族へのあいさつもコミュニケーションの大事なポイントの一つです。

A：**誠久無見面。**
Chiâⁿ kú bô kìⁿ-bīn
ジャン グ ボ ギン ビン

好久不見。
Hǎo jiǔ bú jiàn
ハウ ジョ ブ ジェン

B：**誠久無見面。**
Chiâⁿ kú bô kìⁿ-bīn
ジャン グ ボ ギン ビン

好久不見。
Hǎo jiǔ bú jiàn
ハウ ジョ ブ ジェン

- -

A：**最近好無？**
Chòe-kīn hó--bô
ズゥエ ギン ホ ボ

最近好嗎？
Zuì jìn hǎo mā
ズゥエ ジン ハウ マ

B：**馬馬虎虎。**
Má-má-hu-hu
マ マ フ フ

還可以。
Hái kě yǐ
ハイ カ イ

- -

A：**最近工課按怎？**
Chòe-kīn khang-khòe án-chóaⁿ
ズゥエ ギン カン クエ アン ツゥアン

最近工作如何？
Zuì jìn gōng zuò rú hé
ズゥエ ジン ゴン ズゥオ ル ハ

B：**足無閒。**
Chiok bô-êng
ジョッ ボ イン

很忙。
Hěn máng
ヘン マン

- -

A：**恁厝內人有好好無？**
Lín chhù-lāi-lâng ū hó-hó--bô
リン ツゥ ライ ラン ウ ホ ホ ボ

您家人都好嗎？
Nín jiā rén dōu hǎo mā
ニン ジャ レン ドウ ハウ マ

B：**攏真好。**
Lóng chin-hó
ロン ジン ホ

都很好。
Dōu hěn hǎo
ドウ ヘン ハウ

A：ごめんください。

B：どなたですか？

. . . .

A：お邪魔します。

B：どうぞ、お入りください。

. . . .

A：これはほんの気持ちです。

B：ご丁寧にありがとうございます。

. . . .

A：李さんはいらっしゃいますか？

B：どちら様ですか？

ひとことメモ 　贈り物のタブー① 　扇子

　台湾にもおみやげの文化があります。ただ、贈ってはいけないとされる物もあるので要注意。「扇子（sàn zi）」類は、発音が「散（sàn）」→「散る」→「別れる」を連想させるので縁起が悪いとされ、避けたほうがよいです。

A：**有人佇咧無？**
Ū lâng tī--leh-bô
ウ ラン ディ レッ ボ

有人在家嗎？
Yǒu rén zài jiā mā
ヨ レン ザイ ジャ マ

B：**啥人啊？**
Siáⁿ-lâng ah
シャン ラン アッ

誰啊？
Shuí a
スェ ア

A：**失禮共你攪擾。**
Sit-lé kā lí kiáu-jiáu
シッ レ ガ リ ギャウ ジャウ

打擾了。
Dǎ rǎo le
ダ ラウ ラ

B：**請入來，請入來。**
Chhiáⁿ jip-lâi chhiáⁿ jip--lâi
チャン ジプ ライ チャン ジプ ライ

請進，請進。
Qǐng jǐn qǐng jìn
チン ジン チン ジン

A：**這是淡薄仔心意。**
Che sī tām-pȯh-á sim-ì
ゼ ゼ ダム ボッ ア シム イ

這是點小心意。
Zhè shì diǎn xiǎo xīn yì
ゼ ス ディエン シャウ シン イ

B：**你哪會遮厚禮數。**
Lí ná-ē chiah kāu lé-sờ
リ ナ エ ジャッ ガウ レ ソ

您太客氣了。
Nín tài kè qì le
ニン タイ カ チ ラ

A：**請問，李小姐敢有佇咧？**
Chhiáⁿ-mñg Lí sió-chiá kám-ū
tī--leh
チャン モン リ ショ ジャ ガム ウ
ディ レッ

請問，李小姐在嗎？
Qǐng wèn Lǐ xiǎo jiě zài mā
チン ウン リ シャウ ジェ ザイ マ

B：**請問，咱佗位欲揣？**
Chhiáⁿ-mñg lán tó-ūi beh chhōe
チャン モン ラン ド ウィ ベッ ツウェ

請問，您是哪位？
Qǐng wèn nín shì nǎ wèi
チン ウン ニン ス ナ ウェイ

7日目

会話　実践編

147

A：では、失礼します。

B：はい、お気をつけてお帰りください。

· ·

A：もうそろそろ時間だね。

B：はい、今日はありがとうございました。

· ·

A：また来てくださいね。

B：そうします、ありがとうございました。

· ·

A：さようなら。

B：さようなら。

ひとことメモ　贈り物のタブー②　ハンカチ

「ハンカチ」は「涙をぬぐう」→「別れる」というイメージがあります。
ハンカチもあまり台湾人には喜ばれない贈り物です。

A：**無，我先來走。**
Bô　góa seng lâi cháu
ボ　グァ シン ライ ザウ

那，我先走了。
Nà　wǒ xiān zǒu le
ナ　ウォ シェン ゾウ ラ

B：**好，順行。**
Hó　sūn-kiâⁿ
ホ　スゥン ギャン

好的，慢走。
Hǎo de　màn zǒu
ハウ ダ　マン ゾウ

- -

A：**時間差不多矣。**
Sî-kan chha-put-to--ah
シ ガン ツァ ブッド アッ

時間差不多了。
Shí jiān chā bù duō le
ス ジェン ツァ ブ ドゥォ ラ

B：**好，今仔日誠感謝你。**
Hó　kin-á-jit chiâⁿ kám-siā--lí
ホ　ギン ア ジッ ジャン ガム シャ リ

好，那今天謝謝了。
Hǎo　nà jīn tiān xiè xie le
ハウ　ナ ジン ティエン シェ シェ ラ

- -

A：**愛閣來喔。**
Ài koh lâi oh
アイ ゴッ ライ オッ

再來玩哦。
Zài lái wán o
ザイ ライ ワン オ

B：**會啦，感謝。**
Ē--lah　kám-siā
エ ラッ　ガム シャ

會的，謝謝。
Huì de　xiè xie
ホェイ ダ シェ シェ

- -

A：**再會。**
Chài-hōe
ザイ ホェイ

再見哦。
Zài jiàn o
ザイ ジェン オ

B：**再會。**
Chài-hōe
ザイ ホェイ

拜拜。
Bāi bāi
バイ バイ

A：ありがとうございます。

B：どういたしまして。

- -

A：助けていただいてありがとうございます。

B：大したことやってないよ。〔気にしないで。〕

- -

A：すみません。

B：大丈夫です。

- -

A：ごめんなさい。

B：いいえ。

ひとことメモ　贈り物のタブー③　傘

「傘」の発音は「sǎn」で、「散 (sàn)」と発音が似ているところから、扇子と同様に、贈り物として避けられている傾向があります。

	台湾語	台湾華語

A：**感謝。**
Kám-siā
ガム シャ

謝謝。
Xiè xie
シェ シェ

B：**免細膩。**
Bián sè-jī
ビェン セ ジ

不客氣。
Bú kè qì
ブ カ チ

A：**感謝你鬥相共。**
Kám-siā lí tàu-saⁿ-kāng
ガム シャ リ ダウ サン ガン

謝謝你的幫忙。
Xiè xie nǐ de bāng máng
シェ シェ ニ ダ バン マン

B：**這無啥啦。**
Che bô-siáⁿ--lah
ゼ ボ シャン ラッ

沒事。
Méi shì
メイ ス

A：**真失禮。**
Chin sit-lé
ジン シッ レ

對不起。
Duì bù qǐ
ドゥエ ブ チ

B：**無要緊。**
Bô iàu-kín
ボ ヤウ ギン

沒關係。
Méi guān xī
メイ グァン シ

A：**歹勢呢。**
Pháiⁿ-sè neh
パイン セ ネッ

不好意思。
Bù hǎo yì sì
ブ ハウ イ ス

B：**袂啦。**
Bē--lah
ベ ラッ

不會。
Bú huì
ブ ホェイ

A：おいしい？

B：おいしい。

．．

A：たくさん召し上がって。

B：お腹がいっぱいで、もう入らない。

．．

A：ごちそうするよ。

B：それは恐縮ですね。

．．

A：さあさあ。

B：（あなたに）乾杯します。

ひとことメモ

外食天国の台湾。街中に飲食店があふれています。値段も手頃なので、3食全部が外食という台湾人も少なくありません。

A：**敢有好食？**
Kám-ū hó-chia̍h
ガム ウ ホ ジャッ

好吃嗎？
Hǎo chī mā
ハウ ツ 　マ

B：**真好食。**
Chin hó-chia̍h
ジン ホ ジャッ

很好吃。
Hěn hǎo chī
ヘン ハウ ツ

- -

A：**加食寡。**
Ke chia̍h--kóa
ゲ ジャッ グァ

多吃一點。
Duō chī yì diǎn
ドゥォ ツ イ ディエン

B：**我足飽，食袂落矣。**
Góa chiok pá　chia̍h bē lóh--ah
グァ ジョッ バ　ジャッ ベ ロッ アッ

我好飽，吃不下了。
Wǒ hǎo bǎo　chī bú xià le
ウォ ハウ バウ　ツ ブ シャ ラ

- -

A：**我請。**
Góa chhiáⁿ
グァ チャン

我請客。
Wǒ qǐng kè
ウォ チン カ

B：**真歹勢呢。**
Chin pháiⁿ-sè neh
ジン パイン セ ネッ

那真不好意思。
Nà zhēn bù hǎo yì sì
ナ ゼン ブ ハウ イ ス

- -

A：**來來來。**
Lâi lâi lâi
ライ ライ ライ

來來來。
Lái lái lái
ライ ライ ライ

B：**予焦啦。**
Hō͘ ta--lah
ホ　ダ ラッ

乾杯。
Gān bēi
ガン ベイ

7日目

会話　実践編

153

A：お姉さん、注文です。

B：ご注文は何でしょうか？

- -

A：飲み物は何にしますか？

B：冷たいビールはありますか？

- -

A：好きな食べ物は何ですか？

B：小籠包が好きです。

- -

A：あれと同じものをください。

B：はい、わかりました。

ひとことメモ

　果物天国でもある台湾。トロピカルフルーツの種類が豊富です。日本では高価なマンゴー、ライチなどは、シーズンになると毎日3食食べても手頃な値段でおいしいです。

A：小姐，點菜。
Sió-chiá tiám-chhài
ショ ジャ デャム ツァイ

小姐，點菜。
Xiǎo jiě diǎn cài
シャウ ジェ　ディエン ツァイ

B：請問，欲點啥物？
Chhiáⁿ-mn̄g beh tiám siáⁿ-mih
チャン モン ベツ デャム シャン ミッ

請問，要點什麼？
Qǐng wèn yào diǎn shén me
チン ウン ヤウ ディエン センモ

- -

A：請問，欲啉啥物？
Chhiáⁿ-mn̄g beh lim siáⁿ-mih
チャン モン　ベツ リム シャン ミッ

請問，要喝什麼呢？
Qǐng wèn yào hē shén me ne
チン ウン ヤウ ハ セン　モ　ナ

B：敢有冰 bì-lù？
Kám-ū peng bì-lù
ガム ウ ビン ビール

有冰啤酒嗎？
Yǒu bīng pí jiǔ mā
ヨ　ビン ピ ジョ マ

- -

A：你愛食啥物？
Lí ài chia̍h siáⁿ-mih
リ アイ ジャッ シャン ミッ

你喜歡吃什麼？
Nǐ xǐ huān chī shén me
ニ シ ホァン ツ センモ

B：我愛食小籠包。
Góa ài chia̍h xiǎo lóng bāo
グァ アイ ジャッ シャウ ロン バウ

我喜歡小籠包。
Wǒ xǐ huān xiǎo lóng bāo
ウォ シ ホァン シャウ ロン バウ

- -

A：我欲愛佮彼個仝款的。
Góa beh ài kap hit-ê kâng-
khoán--ê
グァ ベッ アイ ガブ ヒッ エ ガン
クァン エ

我要跟那個一樣的。
Wǒ yào gēn nà ge yí yàng de
ウォ ヤウ ゲン ナ ガ イ ヤン ダ

B：好，我知矣。
Hó   góa chai--ah
ホ   グァ ザイ アッ

好的，知道了。
Hǎo de   zhī dào le
ハウ ダ　ズ ダウ ラ

A：さあさあ、皆さん、乾杯しましょう。

B：乾杯！

. . . .

A：乾杯しましょう！

B：ゆっくりいただきます。
　　※自分のペースで飲みたい時の表現。

. . . .

A：飲もう！

B：酔っぱらっちゃった。

. . . .

A：飲み干そう！

B：もうだめ。

ひとことメモ

　台湾人の乾杯は本気で飲ませます。日本人のように最初に乾杯だけして、あとはちびちび自分のペースで飲むスタイルとは違います。台湾式の飲みニケーションは必ず誰かと乾杯してから飲みます。しかも本当に飲み干すよう、リクエストされることが多いです。

A：**來來來，我敬逐家。**
Lâi lâi lâi　góa kèng tak-ke
ライ ライ ライ グァ ギン ダッ ゲ

來來來，我敬大家。
Lái lái lái　wǒ jìng dà jiā
ライ ライ ライ ウォ ジン ダ ジャ

B：**乾杯！**
Kan-poe
ガン ブェ

乾杯！
Gān bēi
ガン ベイ

- -

A：**乾杯！**
Kan-poe
ガン ブェ

乾杯！
Gān bēi
ガン ベイ

B：**我隨意。**
Góa sûi-ì
グァ スィ イ

我隨意。
Wǒ suí yì
ウォ スェ イ

- -

A：**啉啊！**
Lim ah
リム アッ

喝啊！
Hē a
ハ ア

B：**我醉矣。**
Góa chùi--ah
グァ ズィ アッ

我醉了。
Wǒ zuì le
ウォ ズェ ラ

- -

A：**乾啦！**
Kan--lah
ガン ラッ

乾啦！
Gān la
ガン ラ

B：**我無法度矣。**
Góa bô-hoat-tō͘--ah
グァ ボ ホアッ ド アッ

我不行了。
Wǒ bù xíng le
ウォ ブ シン ラ

A：リージェントホテルまで。

B：かしこまりました。

- -

A：この住所まで。

B：わかりました。

- -

A：ここです。

B：はい、この辺に止まります。

- -

A：ちょっと急いでいるんです。

B：もうかなりスピードを出しています。

ひとことメモ

　台湾のタクシーは便利で値段も手頃なので、つい乗ってしまいます。あまり料金をぼったくることもないのですが、できればきれいな車で服装がきちんとしている運転手さんのタクシーを選んで乗りましょう。

A：欲去晶華酒店。
Beh khì Cheng-hôa chiú-tiàm
ベッ キ ジン ホァ ジュ デャム

到晶華酒店。
Dào Jīng huá jiǔ diàn
ダウ ジン ホァ ジョ ディエン

B：好。
Hó
ホ

好的。
Hǎo de
ハウ ダ

- -

A：欲去這个住址。
Beh khì chit-ê chū-chí
ベッ キ ジッ エ ズゥ ジ

到這個住址。
Dào zhè ge zhù zhǐ
ダウ ゼ　ガ ズゥ ズ

B：了解。
Liáu-kái
リャウ ガイ

知道了。
Zhī dào le
ズ ダウ ラ

- -

A：就是遮。
Tiō-sī chia
ディオ シ ジャ

就是這裡。
Jiù shì zhè lǐ
ジョ ス ゼ　リ

B：好，倚邊仔停。
Hó　óa pi^n--a thêng
ホ　ワ ビン ア ティン

好，我靠邊停。
Hǎo　wǒ kào biān tíng
ハウ　ウォ カウ ビエン ティン

- -

A：我趕時間。
Góa kóa^n sî-kan
グァ グァン シ ガン

我趕時間。
Wǒ gǎn shí jiān
ウォ ガン ス ジェン

B：我駛足緊矣呢。
Góa sái chiok kín--ah neh
グァ サイ ジョッ ギン アッ ネッ

我開很快了。
Wǒ kāi hěn kuài le
ウォ カイ ヘン クァ ラ

会話　実践編

A：悠遊カードはどうやって買うのですか？

B：悠遊カード販売機で（買ってください）。

- -

A：MRT〔捷運〕の切符はどうやって買うのですか？

B：ご案内しましょう。

- -

A：精算をお願いします。
※乗り越しなどの場合。

B：20元です。

- -

A：台中まで1枚。

B：指定席はもうありません。

ひとことメモ

　台湾の「悠遊カード」はMRT〔捷運〕に乗車できるだけでなく、日本のSuicaなどのカードと同様に、バスに乗ったり、コンビニなどで買い物もできるので便利です。

A：悠遊卡按怎買？

Yōu yóu kǎ án-chóaⁿ bé
ヨ　ヨカアン ズゥアン ベ
※「悠遊卡」は華語発音。

悠遊卡怎麼買？

Yōu yóu kǎ zěn me mǎi
ヨ　ヨ　カ ゼンモ　マイ

B：悠遊卡販賣機。

Yōu yóu kǎ hoàn-bē-ki
ヨ　ヨ　カ ホァン ベ ギ

悠遊卡銷售機。

Yōu yóu kǎ xiāo shòu jī
ヨ　ヨカ シャウ ソウ ジ

A：捷運的票按怎買？

Chia̍t-ūn ê phiò án-chóaⁿ bé
ジェッ ウン エ ピョ アン ズゥアン ベ

捷運的票怎麼買？

Jié yùn de piào zěn me mǎi
ジェ ユイン ダ ピャウ ゼンモ マイ

B：来，我教你。

Lâi　góa kà--lí
ライ　グァ ガ リ

來，我教你。

Lái　wǒ jiāo nǐ
ライ　ウォ ジャウ ニ

A：我欲補票。

Góa beh pớ phiò
グァ ベッ ボ ピョ

我要補票。

Wǒ yào bǔ piào
ウォ ヤウ ブ ピャウ

B：二十箍。

Jī-cha̍p khơ
ジ ザブ コ

二十塊。

Èr shí kuài
ア ス クァイ

A：台中一張。

Tâi-tiong chi̍t-tiuⁿ
ダイ デョン ジッ デュゥン

台中一張。

Tái zhōng yì zhāng
タイ ゾン　イ ザン

B：無坐位矣喔。

Bô chē-ūi--ah ơh
ボ ゼ ウイ アッ オッ

沒坐票了哦。

Méi zuò piào le o
メイ ズゥォ ピャウ ラ オ

A：お一人ですか？

B：はい、一人です。

A：お荷物が制限重量を超えていますが。

B：費用がかかりますか？

A：両替したいのですが。

B：パスポートの提示をお願いします。

A：台北に行きたいんですけど。

B：MRT〔捷運〕をご利用になるといいですよ。

ひとことメモ

　台北市内と桃園空港を結ぶ空港MRTが2017年2月に開通しました。それまでは桃園空港から台北市に行くにはバス、タクシーくらいしか交通手段がなかったのですが、本当に便利になりました。ぜひ乗ってみてください。

	台湾語	台湾華語

A：**你敢一个人來？**
Lí kám chit-ê lâng lâi
リ ガム ジッ エ ラン ライ

你一個人來的嗎？
Nǐ yí ge rén lái de mā
ニ イ ガ レン ライ ダ マ

B：**著，一个人。**
Tióh chit-ê lâng
デョッ ジッ エ ラン

對，一個人。
Duì yí ge rén
ドゥエ イ ガ レン

- -

A：**你行李超重矣。**
Lí hêng-lí chhiau-tāng--ah
リ ヒン リ チャウ ダン アッ

您行李超重了。
Nín xíng lǐ chāo zhòng le
ニン シン リ ツァウ ズォン ラ

B：**敢愛收錢？**
Kám ài siu chîⁿ
ガム アイ シュ ジィン

要收錢嗎？
Yào shōu qián mā
ヤウ ソ チェン マ

- -

A：**我欲換錢。**
Góa beh ōaⁿ chîⁿ
グァ ベッ ワン ジィン

我要換錢。
Wǒ yào huàn qián
ウォ ヤウ ホァン チェン

B：**護照請提出來。**
Hō-chiàu chhiáⁿ thèh-chhut-lâi
ホ ジャウ チャン テッ ツッ ライ

請出示護照。
Qǐng chū shì hù zhào
チン ツゥ ス フ ザウ

- -

A：**我想欲去臺北。**
Góa siūⁿ-beh khì Tâi-pak
グァ スゥン ベッ キ ダイ バツ

我想要去臺北。
Wǒ xiǎng yào qù Tái běi
ウォ シャン ヤウ チュイ タイ ベイ

B：**會使坐機場捷運去。**
Ē-sái chē Ki-tiûⁿ Chiạt-ūn khì
エ サイ ゼ ギ デュゥン ジェッ ウン キ

可以搭乘機場捷運？
Kě yǐ dā chéng Jī chǎng Jié yùn
カ イ ダ ツェン ジ ツァン ジェ ユィン

7日目

会話 実践編

★ 地名の読み方

＜台湾語＞			＜台湾華語＞		
台北	Tâi-pak	ダイ バッ	台北	Tái běi	タイ ベイ
桃園	Thô-hn̂g	ト フン	桃園	Táo yuan	タウ ユエン
苗栗	Biâu-le̍k	ビャウ リッ	苗栗	Miáo lì	ミャウ リ
新竹	Sin-tek	シン ディッ	新竹	Xīn zhú	シン ズゥ
台中	Tâi-tiong	ダイ デョン	台中	Tái zhōng	タイ ゾン
彰化	Chiong-hòa	ジョン ファ	彰化	Zhāng huà	ザン ファ
南投	Lâm-tâu	ラム ダウ	南投	Nán tóu	ナン トウ
雲林	Hûn-lîm	フン リム	雲林	Yún lín	ユン リン
嘉義	Ka-gī	ガ ギ	嘉義	Jiā yì	ジャ イ
台南	Tâi-lâm	ダイ ラム	台南	Tái nán	タイ ナン
高雄	Ko-hiông	ゴ ヒョン	高雄	Gāo xióng	ガウ ション
花蓮	Hoa-liân	ファ レン	花蓮	Huā lián	ファ リェン
宜蘭	Gî- lân	ギ ラン	宜蘭	Yí lán	イー ラン
台東	Tâi-tang	ダイ ダン	台東	Tái dōng	タイ ドン
屏東	Pîn-tong	ピン ドン	屏東	Píng dōng	ピン ドン
雪山	Soat-soa^n	スゥアッ スゥアン	雪山	Xuě shān	シュエ サン
玉山	Gio̍k-san	ギョッ サン	玉山	Yù shān	ユィ サン

<台湾語>   <台湾華語>

基隆	Ke-lang	ゲ ラン	基隆	Jī lóng	ジ ロン
澎湖	Phêⁿ-ô	ペン オ	澎湖	Péng hú	ペン フ
金門	Kim-mn̂g	ギム モン	金門	Jīn mén	ジン メン
馬祖	Má-chó	マ ゾ	馬祖	Mǎ zǔ	マ ズゥ
綠島	Le̍k-tó	レッド	綠島	Lǜ dǎo	ルィ ダウ
蘭嶼	Lân-sū	ラン スゥ	蘭嶼	Lán yǔ	ラン ユイ
阿里山	A-lí-san アリ サン		阿里山	Ā lǐ shān アリ サン	
日月潭	Ji̍t-gôat-thâm ジッ グェッ タム		日月潭	Rì yuè tán リ ユェ タン	
小琉球	Sió-liû-kiû ショ リュ ギュ		小琉球	Xiǎo liú qiú シャウ リョ チョ	

A：もしもし。

B：どちら様ですか？

・・

A：聞こえますか？

B：声がちょっと聞こえづらいです。

・・

A：もう少し大きな声で。

B：かけ直します。

・・

A：王社長に取りついでいただけますか。

B：少々お待ちくださいませ。

ひとことメモ

　台湾人は電話が結構好きかもしれません。恋人や家族と電話やメールで頻繁にやり取りをしています。会議中でも、電車に乗っている時でも、スマホや携帯をマナーモードにしないで話す人も多いようです。

A：喂。
Óe
ウェ

喂。
Wéi
ウェイ

B：請問，你是佗一位？
Chhiáⁿ-mn̄g lí sī tó chi̍t-ūi
チャン モン リ シ ド ジッ ウィ

請問，您是？
Qǐng wèn nín shì
チン ウン ニン ス

- -

A：有聽著無？
Ū thiaⁿ--tio̍h-bô
ウ デャン デョッ ボ

有聽到嗎？
Yǒu tīng dào mā
ヨ ティン ダウ マ

B：聲音有淡薄仔無清楚呢。
Siaⁿ-im ū tām-po̍h-á bô chheng-chhó neh
シャン イム ウ ダム ポッ ア ボ
チン ツォ ネッ

聲音有點不清楚吧。
Shēng yīn yǒu diǎn bù qīng chǔ ye
セン イン ヨ ディエン ブ チン ツゥ イェ

- -

A：敢會使較大聲咧？
Kám ē-sái khah tōa-siaⁿ--leh
ガム エ サイ カッ ドァ シャン レッ

可以大聲一點嗎？
Kě yǐ dà shēng yì diǎn mā
カ イ ダ センイ ディエン マ

B：我重敲好矣。
Góa têng khà hó--ah
グァ ディン カ ホ アッ

我重打好了。
Wǒ chóng dǎ hǎo le
ウォ ツォン ダ ハウ ラ

- -

A：請共我接王董的。
Chhiáⁿ kā góa chiap Ông táng--ê
チャン ガ グァ ジャブ オン ダン エ

請幫我接王董。
Qǐng bāng wǒ jiē Wáng dǒng
チン バン ウォ ジェ ワン ドン

B：請小等。
Chhiáⁿ sió-tán
チャン ショ ダン

請稍等。
Qǐng shāo děng
チン サウ デン

7日目 ── 会話　実践編

A：夜市に行きたいです。

B：どれに〔どの夜市に〕行きたいですか？

- -

A：この店への予約をしていただけますか？

B：何時に何名様ですか？

- -

A：どこかおもしろい所に行きたいです。

B：どんな所がお好きですか？

- -

A：（私たちの）写真を撮っていただけますか？

B：かまいませんよ。

ひとことメモ

　台湾を観光していると、どこか懐かしい風景に出会います。なんとなく日本と似ているところもあるのに違うところもあるというギャップが楽しめます。特に「夜市」では日本ではなかなか味わえない活気や熱気があふれています。

A：**我想欲去踅夜市。**
Góa siūⁿ-beh khì seh iā-chhī
グァ シュウン ベッ キ セッ ヤ チ

我想去逛夜市。
Wǒ xiǎng qù guàng yè shì
ウォ シャン チュイ グアン イェ ス

B：**你想欲去佗一个？**
Lí siūⁿ-beh khì tó chit-ê
リ シュウン ベッ キ ド ジッ エ

你想去哪個？
Nǐ xiǎng qǔ nǎ ge
ニ シャン チュイ ナ ガ

- -

A：**敢會使共我預約這間店？**
Kám ē-sái kā góa ū-iok chit-
keng tiàm
ガム エ サイ ガ グァ ウ ヨッ ジッ
ギン デャム

可以幫我預約這間店嗎？
Kě yǐ bāng wǒ yù yuē zhè jiān
diàn mā
カイ バン ウォ ユイ ユエ ゼ ジェン
ディエン マ

B：**幾點？　幾位？**
Kúi-tiám　　Kúi-ūi
グィ デャム　グィ ウィ

幾點？　幾位呢？
Jǐ diǎn　　Jǐ wèi ne
ジ ティエン ジ ウェイ ナ

- -

A：**𤆬我去心適的所在。**
Chhōa góa khì sim-sek ê só͘-chāi
ツゥァ グァ キ シム シッ エ ソ ザイ

帶我去好玩的地方。
Dài wǒ qù hǎo wán de dì fāng
ダイ ウォ チュイ ハウ ワン ダ ディ ファン

B：**你佮意啥款所在？**
Lí kah-ì siáⁿ-khoán só͘-chāi
リ ガッ イ シャン クァン ソ ザイ

你喜歡什麼樣的地方？
Nǐ xǐ huān shén me yàng de dì fāng
ニ シ ホァン セン モ ヤン ダ ディ ファン

- -

A：**敢會使共阮翕相？**
Kám ē-sái kā góan hip-siōng
ガム エ サイ ガ グァン ヒプ ション

可以幫我們照相嗎？
Kě yǐ bāng wǒ mén zhào xiàng mā
カイ バン ウォ メン ザウ シャン マ

B：**無問題。**
Bô būn-tê
ボ ブン デ

沒問題。
Méi wèn tí
メイ ウン ティ

会話　実践編

A：お仕事は何ですか？

B：サラリーマンです。

・・・

A：趣味は何ですか？

B：読書です。

・・・

A：ボーイフレンドはいますか？

B：ご想像におまかせします。

・・・

A：君が好きだ。

B：本当ですか？

ひとことメモ

　親日のイメージが強い台湾。旅行などで訪れると、出会う人は皆ニコニコしていて、親切な印象を抱くことも多いと思います。台湾人は南国気質で明るくポジティブな性格。本音と建前があまりなく、ストレートに自分の気持ちを表現する人が多いように思います。

A：**你做佗一途的？**
Lí chò tó-chit tô--ê
リ ゾ　ド ジッ ド エ

你是做什麼的？
Nǐ shì zuò shén me de
ニ ス ズゥォ セン モ ダ

B：**我是食頭路人。**
Góa sī chiàh-thâu-lō-lâng
グァ シ ジャッ タゥ ロ ラン

我是上班族。
Wǒ shì shàng bān zú
ウォ ス サン　バン ズゥ

A：**你的興趣是啥物？**
Lí ê hèng-chhù sī siáⁿ-mih
リ エ ヒン ツゥ シ シャン ミッ

你的興趣是什麼？
Nǐ de xìng qù shì shén me
ニ ダ　シン チュィ ス セン モ

B：**我愛看冊。**
Góa ài khòaⁿ-chheh
グァ アイ クァン ツェッ

我喜歡看書。
Wǒ xǐ huān kàn shū
ウォ シ ホァン カン スゥ

7
日目

会
話

実
践
編

A：**你敢有男朋友？**
Lí kám-ū lâm-pêng-iú
リ ガム ウ ラム ピン イユ

你有男朋友嗎？
Nǐ yǒu nán péng yǒu mā
ニ ヨ　ナン ポン ヨ　マ
※「女朋友」(nǚ péng yǒu)：ガールフレンド

B：**予你臆。**
Hó͘ lí ioh
ホ リ ヨッ

你猜。
Nǐ cāi
ニ ツァイ
※「猜」：当てる、推量する

A：**我恰意你。**
Góa kah-ì--lí
グァ ガッ イ リ

我喜歡妳。
Wǒ xǐ huān nǐ
ウォ シ ホァン ニ

B：**敢有影？**
Kám ū-iáⁿ
ガム ウ ヤン

真的嗎？
Zhēn de mā
ゼン　ダ マ

Ａ：結婚していますか？

Ｂ：ちゃんとした彼氏がいます。

・・・・・・・・・・・・・・・・・・・・・・・・・・・・・・・・・・・・・・・

Ａ：時間がある時にごちそうするよ。

Ｂ：いいですね。

・・・・・・・・・・・・・・・・・・・・・・・・・・・・・・・・・・・・・・・

Ａ：僕ら、付き合いましょうよ！

Ｂ：ちょっと考えさせてください。

・・・・・・・・・・・・・・・・・・・・・・・・・・・・・・・・・・・・・・・

Ａ：君を愛してる。

Ｂ：私も。

ひとことメモ

　家族を大事にする台湾人。行事があるたびに家族が集まって、にぎやかに過ごします。彼氏彼女の段階から家族ぐるみで付き合うことも普通です。芸能人がイベントに自分の母親や祖母などを呼び、一緒にステージに登場して親孝行をアピールする光景もよく見られます。

A：你敢結婚矣？
Lí kám kiat-hun--ah
リ ガム ゲッ フン アッ

你結婚了嗎？
Nǐ jié hūn le mā
ニ ジェ フン ラ マ

B：有穩定的男朋友。
Ū ún-tēng ê lâm-pêng-iú
ウ ウン ディン エ ラム ピン イユ

有穩定的男朋友。
Yǒu wěn dìng de nán péng yǒu
ヨ　ウン ディン ダ ナン ポン ヨ

A：有閒我請你食飯。
Ū-êng góa chhiáⁿ lí chiàh-pn̄g
ウ イン グァ チャン リ ジャッ ペン

有時間我請妳吃飯。
Yǒu shí jiān wǒ qǐng nǐ chī fàn
ヨ ス ジェン ウォ チン ニ ツ ファン

B：好啊。
Hó ah
ホ アッ

好啊。
Hǎo a
ハウ ア

A：咱做伙好無？
Lán chò-hóe hó--bô
ランゾ　ホエ ホ ボ

我們交往吧！
Wǒ mén jiāo wǎng ba
ウォ メン ジャウ ワン バ

B：我考慮一下。
Góa khó-lū--chit-ē
グァ コ ル ジッ エ

我考慮一下。
Wǒ kǎo lù yí xià
ウォ カウ リュ イ イ シャ

A：我愛你。
Góa ài--lí
グァ アイ リ

我愛妳。
Wǒ ài nǐ
ウォ アイ ニ

B：我嘛是。
Góa mā sī
グァ マ シ

我也是。
Wǒ yě shì
ウォ イェ ス

A：保険に入っていますか？

B：はい、保険証があります。

- -

A：台湾華語はできますか？

B：日本語がわかる人はいますか？

- -

A：風邪を引いたみたい。

B：十分にお休みください。

- -

A：食欲がないの。

B：何か食べたいものはない？

ひとことメモ

　台北、台中、台南、高雄のような大都市では、日本語がわかる病院関係者
に会える場合もありますが、言葉がうまく通じない場合、心細さが一層増し
ます。診察では、症状の説明など、微妙な表現力を求められます。可能であ
れば日本語の通訳者を頼んだほうが良さそうです。

A：**你敢有保險？**
Lí kám-ū pó-hiám
リ ガム ウ ボ ヒャム

你有保險嗎？
Nǐ yǒu bǎo xiǎn mā
ニ ヨ　バウ シェン マ

B：**有，有保險證。**
Ū　ū pó-hiám-chèng
ウ　ウ ボ ヒャム ジン

有，有保險證。
Yǒu　yǒu bǎo xiǎn zhèng
ヨ　ヨ　バウ シェン ゼン

A：**你敢會曉講華語？**
Lí kám ē-hiáu kóng Hôa-gí
リ ガム エ ヒャウ ゴン ホァ ギ

你會說華語嗎？
Nǐ huì shuō Huā yǔ mā
ニ ホェイ スゥォ ホァ ユイ マ

B：**敢有會曉日語的？**
Kám-ū ē-hiáu Jit-gí--ê
ガム ウ エ ヒャウ ジッ ギ エ

有懂日文的人嗎？
Yǒu dǒng Rì wén de rén mā
ヨ　ドン リ ウン ダ レン マ

A：**我若像感著矣。**
Góa ná-chhiūⁿ kám--tióh-ah
グァ ナ チュウン ガム デョッ アッ

我好像感冒了。
Wǒ hǎo xiàng gǎn mào le
ウォ ハウ シャン ガン マウ ラ

B：**愛加歇睏。**
Ài ke hioh-khùn
アイ ゲ ヒョッ クン

多休息。
Duō xiū xí
ドゥォ ショ シ

A：**我無胃口。**
Góa bô ūi-kháu
グァ ボ ウイ カウ

我沒胃口。
Wǒ méi wèi kǒu
ウォ メイ ウェイ コウ

B：**敢有想欲食啥？**
Kám-ū siūⁿ-beh chiảh siáⁿ
ガム ウ シュウン ベッ ジャッ シャン

有想吃什麼嗎？
Yǒu xiǎng chī shén me mā
ヨ　シャン ツ セン モ マ

A：どうしたの？

B：気持ちが悪いのです。

・・・

A：どこが気持ち悪いのですか？

B：のどが痛いです。

・・・

A：この薬を1日3回、食後に飲んでください。

B：わかりました。

・・・

A：救急車を早く呼んでください！

B：何かあったのですか？

ひとことメモ

　台湾の食べ物の多くは日本人の口に合って、おいしいです。ただ、水道水は日本のように、そのまま飲むことはできません。お腹をこわす可能性が大です。必ず沸かしてから飲みましょう。

A：你是按怎？
Lí sī án-chóaⁿ
リ シ アン ツゥァン

你怎麼了？
Nǐ zěn me le
ニ ゼン モ ラ

B：我人艱苦。
Góa lâng kan-khó͘
グァ ラン カン コ

我不舒服。
Wǒ bù shū fú
ウォ ブ スゥ フ

A：你佗位艱苦？
Lí tó-ūi kan-khó͘
リ ド ウィ ガン コ

你哪裡不舒服？
Nǐ nǎ lǐ bù shū fú
ニ ナ リ ブ スゥフ

B：嚨喉足疼。
Nâ-âu chiok thiàⁿ
ナ アウ ジョッ ティアン

喉嚨很痛。
Hóu lóng hěn tòng
ホウ ロン ヘン トン

A：這藥仔一工三擺，飯後食。
Che io̍h-á chi̍t-kang saⁿ pái, pn̄g
āu chia̍h
ゼ ヨッ ア ジッ ガン サン バイ ペン
アウ ジャッ

這個藥一天三次，飯後吃。
Zhè ge yào yì tiān sān cì, fàn
hòu chī
ゼ ガ ヤウ イ ティェン サン ツ ファン
ホウ ツ

B：好。
Hó
ホ

好的。
Hǎo de
ハウ ダ

A：緊叫救護車！
Kín kiò kiù-hō͘-chhia
ギン ギョ ギュ ホ チャ

快叫救護車！
Kuài jiào jiù hù chē
クァイ ジャウ ジョ フ ツェ

B：發生啥物代誌？
Hoat-seng siáⁿ-mih tāi-chì
ホァッ シン シャン ミッ ダイ ジ

發生什麼事了？
Fā shēng shén me shì le
ファ セン セン　モ　ス ラ

「中国語」「北京語」「漢語」「普通話」「華語」とは？

・・

　日本人は日本語を話し、韓国人は韓国語を話します。その論理で行くと、台湾人は台湾語を話すと思う人が大多数です。

　台湾にまつわる言語事情や環境について説明する前に「中国人は何語を話すのか？」というところから話を進めさせていただきたいと思います。

　よく「中国語」「北京語」「普通話」という言葉を耳にしますが、それぞれ違うものなのでしょうか。

　まず「中国語」は世界各地にいる華人が話す言葉で、英語で言う「Chinese」という概念です。「中文（Zhōng wén）」や、漢族の言語という意味で「漢語（Hàn yǔ）」、華人が使う言葉で「華語（Huá yǔ）」という言い方もあります。

　「北京語」は本来、北京で話されている方言です。英語で言うと「Mandarin」です。のちの「國語（Guó yǔ）」「普通話（Pǔ tōng huà）」「華語（Huá yǔ）」の基礎になるとされています。

　中国では、少数民族が話す方言も入れると、数え切れないほど多くの方言があります。共通語ができるまで、それぞれの地方出身の人が方言で話すと、たとえ中国人同士でも意思の疎通が難しいと言われています。日本でも方言で話すと、日本人同士でも話が通じないことがありますね。

＜台湾華語と北京語の発音の違い＞

　基本的に台湾華語の発音は北京語ほど抑揚の幅があまりなく、全体的にマイルドで緩い感じだと言われています。

　台湾華語の主な特徴は「巻舌音をあまり使用しない」ことです。北京語では巻舌音に「zhi」「chi」「shi」「ri」があります。これらにそれぞれ相当するものとして、台湾華語にも一応表記として「ㄓ」「ㄔ」「ㄕ」「ㄖ」がありますが、多くの台湾人はそれぞれ「zi」「ci」「si」「li」と発音します。

例　「ご飯を食べる」…「吃饭（chī fàn）」〔北京語〕

　　　　　　　　　　　「吃飯（cī fàn）」〔台湾華語〕

　また、北京語の「r」を台湾華語では「l」で発音する傾向もあります。

例　「暑い」…「好热（hǎo rè）」〔北京語〕

　　　　　　　「好熱（hǎo lè）」〔台湾華語〕

　次の特徴として、「r 化しない」ことが挙げられます。

例　「子供」…「小孩儿（xiǎo háir）」〔北京語〕

　　　　　　　「小孩　（xiǎo hái）」〔台湾華語〕

　また、「軽声化しない」ことも台湾華語の特徴です。

例　「物、物品」…「东西（dōng xi）」〔北京語〕

　　　　　　　　　「東西（dōng xī）」〔台湾華語〕

7日目

会話　実践編

台湾華語と北京語

・・

　台湾華語と北京語では、「意味が同じでも表現が違うもの」「表現が同じでも発音が違うもの」があります。

●意味が同じでも表現が違うもの

＜例＞

	〔台湾華語〕	〔北京語〕
「パイナップル」…	「鳳梨（fèng lí）」	「菠萝（bō luó）」
「ヨーグルト」……	「優酪乳（yōu lào rǔ）」	「酸奶（suān nǎi）」
「ピーナッツ」……	「花生（huā shēng）」	「土豆（tǔ dòu）」

　このように異なることがあるので、お互いにその単語が通じないこともしばしばです。

●表現が同じでも発音が違うもの

＜例＞

	〔台湾華語〕	〔北京語〕
「ゴミ」……	「垃圾（lè sè）」	「垃圾（lā jī）」
「発酵」……	「発酵（fā xiào）」	「発酵（fā jiào）」
「キャラ」…	「角色（jiǎo sè）」	「角色（jué sè）」

もともと「垃圾」は中国では「lè sè」と発音していたのですが、あとから「lā jī」の発音に変わりました。

このように言葉は生き物です。時代と共に新しい言葉や概念をどんどん取り入れて、進化し、変化を遂げています。

中国大陸の表現とベース（土台）は同じですが、台湾は台湾で独自の表現を生み出しています。英語、日本語、広東語、スペイン語、オランダ語、原住民の言葉など、様々な外来語を融合した台湾華語は、もはや新しい生命体として生まれ変わりつつあるといっても過言ではありません。

本書で紹介している台湾語と台湾華語の表現やフレーズは、どれも台湾でよく使われているものです。北京語を学習したことがある方も、北京語と台湾華語の微妙な違いを比較しながら「ここが違う」「ここが同じ」と、新しい発見がきっと待っていることと思います。

学術的に適切かどうかはわかりませんが、アメリカ英語とイギリス英語の違いを例にすれば、イメージしやすいかもしれません。どちらがよいとか正しいということではなく、その土地の人たちが使い慣れているものだと理解していただければ幸いです。

会話　実践編

＜付録＞

基本単語

	<台湾語>	<台湾華語>
空港	機場 ki-tiûⁿ ギ デュウン	機場 jī chǎng ジ ツァン
飛行機	飛機 hui-ki フィ ギ	飛機 fēi jī フェイ ジ
パスポート	護照 hō-chiàu ホ ジャウ	護照 hù zhào フ ザウ
航空券	機票 ki-phiò ギ ピョ	機票 jī piào ジ ピャウ
財布	錢袋仔 chîⁿ-tē-á ジン デ ア	錢包 qián bāo チェン バウ
地図	地圖 tē-tô デ ド	地圖 dì tú ディ トゥ
両替所	換錢的所在 õaⁿ-chîⁿ ê só-chāi ワン ジン エ ソ ザイ	換錢處 huàn qián chù ホアン チェン ツゥ
案内所	服務台 hók-bū-tâi ホッブ ダイ	服務台 fú wù tái フ ウ タイ
トイレ	便所 piān-só ベン ソ	廁所 cè suǒ ツェ スウォ
コインロッカー	愛囥錢的保管箱 ài lok-chîⁿ ê pó-koán-siuⁿ アイ ロッ ジィン エ ボ グァン シュウン	寄物櫃 jì wù guì ジ ウ グェ

184

2 駅で

＜台湾語＞　　　　　　　＜台湾華語＞

駅	車頭 chhia-thâu チャ タウ	車站 chē zhàn ツェ ザン
改札口	鉸票的所在 ka-phiò ê só-chāi ガ ピョ エ ソ ザイ	剪票口 jiǎn piào kǒu ジェン ピャウ コウ
ホーム	月台 góat-tâi グェッ ダイ	月台 yuè tái ユエ タイ
切符	車票 chhia-phiò チャ ピョ	車票 chē piào ツェ ピャウ
片道切符	單逝 toaⁿ-chōa ドゥアン ズゥア	單程 dān chéng ダン ツェン
往復切符	來回票 lâi-hôe-phiò ライ ホェ ピョ	來回票 lái huí piào ラン ホェ ピャウ
始発	起站 khí-chām キ ザム	起站 qǐ zhàn チ ザン
終点	尾站 bóe-chām ブェ ザム	終點站 zhōng diǎn zhàn ゾン ディェン ザン
精算	補票 pó͘ phiò ボ ピョ	補票 bǔ piào ブ ピャウ
両替	換錢 ōaⁿ-chîⁿ ワン ジィン	換錢 huàn qián ホァン チェン

3 乗り物

<table>
<tr><td></td><td colspan="2">＜台湾語＞</td><td colspan="2">＜台湾華語＞</td></tr>
<tr><td>MRT
（捷運）</td><td>捷運</td><td>Chiảt-ūn
ジェッ ウン</td><td>捷運</td><td>Jié yùn
ジェ ユィン</td></tr>
<tr><td>バス</td><td>公車</td><td>kong-chhia
ゴン チャ</td><td>公車</td><td>gōng chē
ゴン ツェ</td></tr>
<tr><td>タクシー</td><td>計程車</td><td>kè-têng-chhia
ケ ティン チャ</td><td>計程車</td><td>jì chéng chē
ジ ツェン ツェ</td></tr>
<tr><td>列車</td><td>火車</td><td>hóe-chhia
ホェ チャ</td><td>火車</td><td>huǒ chē
フォ ツェ</td></tr>
<tr><td>普通列車</td><td>慢車</td><td>bān-chhia
バン チャ</td><td>普通車</td><td>pǔ tōng chē
プ トン ツェ</td></tr>
<tr><td>急行列車</td><td>莒光號</td><td>kí-kong-hō
ギ ゴン ホ</td><td>莒光號</td><td>jǔ guāng hào
ジュィ グァン ハウ</td></tr>
<tr><td>快速列車</td><td>復興號</td><td>hỏk-heng-hō
ホッ ヒン ホ</td><td>復興號</td><td>fù xīng hào
フ シン ハウ</td></tr>
<tr><td>特急列車</td><td>自強號</td><td>chū-kiông-hō
ズゥ ギョン ホ</td><td>自強號</td><td>zì qiáng hào
ズ チャン ハウ</td></tr>
<tr><td>台湾鉄路</td><td>台鐵</td><td>Tâi-thih
ダイ ティッ</td><td>台鐵</td><td>Tái tiě
タイ ティエ</td></tr>
<tr><td>台湾新幹線</td><td>高鐵</td><td>Ko-thih
ゴ ティッ</td><td>高鐵</td><td>Gāo tiě
ガウ ティエ</td></tr>
</table>

4 お金関係

＜台湾語＞　　　　　　＜台湾華語＞

お金	錢	chîⁿ ジイン	錢	qián チェン
お札	紙票	chóa-phiò ズゥァ ピョウ	紙鈔	zhǐ chāo ズ ツァゥ
釣り銭	零星的	lân-san--ê ラン サン エ	零錢	líng qián リン チェン
チップ	小費	sió-hùi ショッ フィ	小費	xiǎo fèi シャウ フェ
手数料	手續費	chhiú-siòk-hùi チュッ ショッ フィ	手續費	shǒu xù fèi ソウ シュイ フェ
価格	價數	kè-siàu ゲ シャウ	價格	jià gé ジャ ガ
税金	稅金	sòe-kim スェ ギム	稅金	shuì jīn スェ ジン
領収書	收據	siu-kì シュ ギ	收據	shōu jù ソウ ジュイ
台湾ドル	台票	Tâi-phiò ダイ ピョウ	台幣	Tái bì タイ ビ
米ドル	美金	Bí-kim ビ ギム	美金	Měi jīn メイ ジン
日本円	日票	Jit-phiò ジッ ピョウ	日幣	Rì bì リ ビ

＜台湾語＞　　　　　　＜台湾華語＞

	＜台湾語＞	＜台湾華語＞
ホテル	飯店　pn̄g-tiàm ペン ディアム	飯店　fàn diàn ファン ディエン
レストラン	餐廳　chhan-thiaⁿ ツアン テャン	餐廳　cān ting ツアン ティン
喫茶店	咖啡廳　ka-pi-thiaⁿ ガ ビ テャン	咖啡廳　kā fēi ting カ フェ ティン
デパート	百貨公司　pah-hòe-kong-si バ フェ ゴン シ	百貨公司　bǎi huò gōng sī バイ フォ ゴン ス
露店	路邊擔仔　lō͘-piⁿ-tàⁿ-á ロ ビン ダン ア	路邊攤　lù biān tān ル ビエン タン
書店	冊店　chheh-tiàm ツエツ デャム	書局　shū jú スウ ジュイ
銀行	銀行　gîn-hâng ギン ハン	銀行　yín háng イン ハン
郵便局	郵局　iû-kiȯk ユ ギョッ	郵局　yóu jú ヨ ジュイ
病院	病院　pēⁿ-īⁿ ベン イン	醫院　yī yuàn イ ユエン
警察	警察　kéng-chhat ギン ツァッ	警察　jǐng chá ジン ツァ

6 方向、位置

＜台湾語＞　　　　　　＜台湾華語＞

東	東爿	tang-pêng ダン ビン	東	dōng ドン
西	西爿	sai-pêng サイ ビン	西	xī シ
南	南爿	lâm-pêng ラム ビン	南	nán ナン
北	北爿	pak-pêng バッ ビン	北	běi ベイ
右	正爿	chiàⁿ-pêng ジャン ビン	右	yòu ヨ
左	倒爿	tò-pêng ド ビン	左	zuǒ ズゥォ
上	頂面	téng-bīn ディン ビン	上	shàng サン
下	下跤	ē-kha エ カ	下	xià シャ
前	頭前	thâu-chêng タゥ ジン	前	qián チェン
後ろ	後壁	āu-piah アゥ ビャッ	後	hòu ホウ
隣	隔壁	keh-piah ゲッ ビャッ	隔壁	gé bì ガ ビ

<台湾語>　　　　　　<台湾華語>

フロント	櫃台	kūi-tâi グィ ダイ	櫃台	guì tái グェ タイ
シングル ルーム	單人房	toaⁿ-lâng-pâng ドゥアン ラン バン	單人房	dān rén fáng ダン レン ファン
ツイン ルーム	雙人房	siang-lâng-pâng シャン ラン バン	雙人房	shuāng rén fáng スゥアン レン ファン
テレビ	電視	tiān-sī デン シ	電視	diàn shì ディエン ス
冷蔵庫	冰箱	peng-siuⁿ ビン シゥン	電冰箱	diàn bīng xiāng ディエン ビン シャン
ベッド	眠床	bîn-chhĥg ビン ツェン	床鋪	chuáng pù ツゥアン プ
浴室	浴間	e̍k-keng エッ ギン	浴室	yù shì ユイ ス
タオル	面巾	bīn-kin ビン ギン	毛巾	máo jīn マウ ジン
石けん	雪文	sat-bûn サッ ブン	肥皂	féi zào フェ ザウ
歯ブラシ	齒抿	khí-bín キ ビン	牙刷	yá shuā ヤ スゥア

<台湾語>　　　　　　　<台湾華語>

	<台湾語>	<台湾華語>
携帯電話	手機仔　chhiú-ki-á　チュウ ギ ア	手機　shǒu jī　ソウ ジ
スマートフォン	智慧手機　tì-hūi chhiú-ki　ディ フィ チュウ ギ	智慧手機　zhì hùi shǒu jī　ズ ホエイ ソウ ジ
腕時計	錶仔　pió-á　ビョ ア	手錶　shǒu biǎo　ソウ ビャウ
メガネ	目鏡　ba̍k-kiàn　バッ ギャン	眼鏡　yǎn jìng　イエン ジン
バッグ、鞄	皮包　phôe-pau　プェ バウ	皮包　pí bāo　ピ バウ
ハンカチ	手巾仔　chhiú-kin-á　チュ ギン ア	手帕　shǒu pà　ソウ パ
本	冊　chheh　ツェッ	書　shū　スウ
雑誌	雜誌　cha̍p-chì　ザブ ジ	雜誌　zá zhì　ザ ズ
新聞	報紙　pò-chóa　ボ ズゥア	報紙　bào zhǐ　バウ ズ
写真	相片　siòng-phìn　ション ピン	相片　xiàng piàn　シャン ピェン

	＜台湾語＞	＜台湾華語＞
朝食	早頓　chá-tǹg ザ デン	早餐　zǎo cān ザウ ツァン
昼食	中晝頓　tiong-tàu-tǹg デョン ダゥ デン	中餐　zhōng cān ゾン ツァン
夕食	暗頓　àm-tǹg アム デン	晚餐　wǎn cān ワン ツァン
メニュー	菜單　chhài-toaⁿ ツァイ ドゥアン	菜單　cài dān ツァイ ダン
皿	盤仔　pôaⁿ-á ブァン ア	盤子　pán zi パン ズ
はし	箸　tī ディ	筷子　kuài zi クァイ ズ
コップ	杯仔　poe-á ブエ ア	杯子　bēi zi ベイ ズ
おかわり	閣來一碗 koh lâi chi̍t óaⁿ ゴッ ライ ジッ ウァン	再來一碗 zài lái yì wǎn ザイ ライ イ ワン
（台湾式の） 軽食　※注1	點心　tiám-sim ディャム シム	小吃　xiǎo chī シャウ ツ
セルフサー ビスの食堂 ※注2	自助餐　chū-chō-chhan ズ ゾ ツァン	自助餐　zì zhù cān ズ ズゥ ツァン

※注1　手頃な値段で食べられる夜市の屋台料理などが「小吃」の代表です。
※注2　台湾式の庶民的な食堂で、ビュッフェ式で自分が食べたい物を選び、
　　　　会計してから食べるスタイル。

<table>
<tr><td></td><td colspan="2">＜台湾語＞</td><td colspan="2">＜台湾華語＞</td></tr>
</table>

おいしい〔食べ物〕	好食	hó-chiảh ホ ジャッ	好吃	hǎo chī ハウ ツ
おいしい〔飲み物〕	好啉	hó-lim ホ リム	好喝	hǎo hē ハウ ハ
まずい〔食べ物〕	歹食	pháiⁿ-chiảh パイン ジャッ	難吃	nán chī ナン ツ
まずい〔飲み物〕	歹啉	pháiⁿ-lim パイン リム	難喝	nán hē ナン ハ
甘い	甜	tiⁿ ディン	甜	tián ティエン
辛い	薟	hiam ヒャム	辣	là ラ
塩辛い	鹹	kiâm ギャム	鹹	xián シェン
すっぱい	酸	sng スン	酸	suān スゥアン
油っこい	油漉漉	iû-lok-lok ユ ロッ ロッ	油膩	yóu nì ヨ ニ
苦い	苦	khó͘ コ	苦	kǔ ク

<台湾語>　　　　　　　　<台湾華語>

ご飯	飯	pn̄g ペン	飯	fàn ファン
餃子	水餃	chúi-kiáu ズィ ギャウ	水餃	shuǐ jiǎo スェ ジャウ
麺	麵	mī ミ	麵	miàn ミェン
かゆ	糜	moâi ムアイ	稀飯	xī fàn シ ファン
たまご	卵	nn̄g ネン	蛋	dàn ダン
スープ	湯	thng テン	湯	tāng タン
チャーハン	炒飯	chhá-pn̄g ツァ ペン	炒飯	chǎo fàn ツァウ ファン
焼きそば	炒麵	chhá-mī ツァ ミ	炒麵	chǎo miàn ツァウ ミェン
ビーフン	米粉	bí-hún ビ フン	米粉	mǐ fěn ミ フェン
ワンタン	扁食	pián-sit ビェン シッ	餛飩	hún dùn フン ドゥン

12 食べ物 (2)

	＜台湾語＞		＜台湾華語＞	
肉まん	肉包	bah-pau バッ バウ	肉包	ròu bāo ロウ バウ
まんじゅう	饅頭	mán-thô マン ト	饅頭	mán tóu マン トゥ
とり肉定食	雞肉飯	ke-bah-pñg ゲ バッ ペン	雞肉飯	jī ròu fàn ジ ロウ ファン
トンカツ 定食	排骨飯	pâi-kut-pñg バイ グッ ペン	排骨飯	pái gǔ fàn パイ グ ファン
パン	麵包	mī-pau ミ バウ	麵包	miàn bāo ミェン バウ
弁当	便當	piān-tong ベン ドン	便當	biàn dāng ビェン ダン
肉	肉	bah バッ	肉	ròu ロウ
魚	魚	hî ヒ	魚	yú ユィ
果物	果子	kóe-chí グェ ジ	水果	shuǐ guǒ スェ グォ
アイスク リーム	冰糕	peng-ko ビン ゴ	冰淇淋	bīng qí lín ビン チ リン

13 飲み物

＜台湾語＞　　　　　　　　＜台湾華語＞

水	水	chúi ズウィ	水	shuǐ スエ
茶	茶	tê デ	茶	chá ツァ
紅茶	紅茶	âng-tê アン デ	紅茶	hóng chá ホン ツァ
ジュース	果汁	kó-chiap ゴ ジャップ	果汁	guǒ zhī グォ ズ
コーヒー	咖啡	ka-pi ガ ピ	咖啡	kā fēi カ フェ
ウーロン茶	烏龍茶	o-liông-tê オ リョン デ	烏龍茶	wū lóng chá ウ ロン ツァ
ビール	麥仔酒	be̍h-á-chiú ベッ ア ジュ	啤酒	pí jiǔ ピ ジョ
ワイン	葡萄酒	phû-tô-chiú プ ト ジュ	葡萄酒	pú táo jiǔ プ タウ ジョ
酒	酒	chiú ジュ	酒	jiǔ ジョ
清酒	清酒	sá-kheh サ ケッ	清酒	qīng jiǔ チン ジョ

	<台湾語>		<台湾華語>	
サイズ	大細	tōa-sè ドァ セ	大小	dà xiǎo ダ シャウ
長さ	長度	tn̂g-tō͘ テン ド	長度	cháng dù ツァン ドゥ
重さ	重量	tāng-liōng ダン リヨン	重量	zhòng liàng ゾン リャン
距離	距離	kī-lî ギ リ	距離	jù lí ジュィ リ
スピード	速度	sok-tō͘ ソッ ド	速度	sù dù スウ ドゥ
キロ	公斤	kong-kin ゴン ギン	公斤	gōng jīn ゴン ジン
グラム	公克	kong-khek ゴン ケッ	公克	gōng kè ゴン カ
メートル	公尺	kong-chhioh ゴン チョッ	公尺	gōng chǐ ゴン ツ
キロメートル	公里	kong-lí ゴン リ	公里	gōng lǐ ゴン リ

15 時を表す言葉（1）

＜台湾語＞　　　　　　　＜台湾華語＞

朝	早起	chái-khí ザイ キ	早上	zǎo shàng ザウ サン
昼	中畫	tiong-tàu デョン ダウ	中午	zhōng wǔ ゾン ウ
夜	盈暗	êng-àm イン アム	晩上	wǎn shàng ワン サン
夕方	欲暗仔	beh-àm-á ベッ アム ア	傍晩	bāng wǎn バン ワン
今日	今仔日	kin-á-jit ギン ア ジッ	今天	jīn tiān ジン ティエン
昨日	昨昏	cha-hng ザン	昨天	zuó tiān ズウォ ティエン
明日	明仔載	bîn-á-chài ビン ア ザイ	明天	míng tiān ミン ティエン
おととい	昨日	chóh--jit ゾッ ジッ	前天	qián tiān チェン ティエン
あさって	後日	āu--jit アウ ジッ	後天	hòu tiān ホウ ティエン

<table>
<tr><td></td><td colspan="2">＜台湾語＞</td><td colspan="2">＜台湾華語＞</td></tr>
<tr><td>今週</td><td>這禮拜</td><td>chit lé-pài
ジッ レ バイ</td><td>這星期</td><td>zhè xīng qí
ゼ シン チ</td></tr>
<tr><td>先週</td><td>頂禮拜</td><td>téng lé-pài
ディン レ バイ</td><td>上星期</td><td>shàng xīng qí
サン シン チ</td></tr>
<tr><td>来週</td><td>後禮拜</td><td>āu lé-pài
アウ レ バイ</td><td>下星期</td><td>xià xīng qí
シャ シン チ</td></tr>
<tr><td>今月</td><td>這個月</td><td>chit kò-goèh
ジッ ゴ グェッ</td><td>這個月</td><td>zhè ge yuè
ゼ ガ ユェ</td></tr>
<tr><td>先月</td><td>頂個月</td><td>téng kò-goèh
ディン ゴ グェッ</td><td>上個月</td><td>shàng ge yuè
サン ガ ユェ</td></tr>
<tr><td>来月</td><td>後個月</td><td>āu kò-goèh
アウ ゴ グェッ</td><td>下個月</td><td>xià ge yuè
シャ ガ ユェ</td></tr>
<tr><td>今年</td><td>今年</td><td>kin-nî
ギン ニ</td><td>今年</td><td>jīn nián
ジン ニェン</td></tr>
<tr><td>去年</td><td>舊年</td><td>kū-nî
グ ニ</td><td>去年</td><td>qù nián
チュイ ニェン</td></tr>
<tr><td>来年</td><td>明年</td><td>mê-nî
メ ニ</td><td>明年</td><td>míng nián
ミン ニェン</td></tr>
</table>

17 時間

<台湾語>　　　　　　　<台湾華語>

0 時	半暝十二點 pòaⁿ-mê chàp-jī tiám ブァン メ ザブ ジ デャム	零點	líng diǎn リン ディエン
1 時	一點 chit tiám ジッ デャム	一點	yì diǎn イ ディエン
2 時	二點 nn̄g tiám ネン デャム	二點	liǎng diǎn リャン ディエン
3 時	三點 saⁿ tiám サン デャム	三點	sān diǎn サン ディエン
4 時	四點 sì tiám シ デャム	四點	sì diǎn ス ディエン
5 時	五點 gō͘ tiám ゴ デャム	五點	wǔ diǎn ウ ディエン
6 時	六點 làk tiám ラッ デャム	六點	liù diǎn リョ ディエン
7 時	七點 chhit tiám チッ デャム	七點	qī diǎn チ ディエン
8 時	八點 peh tiám ベッ デャム	八點	bā diǎn バ ディエン
9 時	九點 káu tiám ガウ デャム	九點	jiǔ diǎn ジョ ディエン
10 時	十點 chàp tiám ザブ デャム	十點	shí diǎn ス ディエン
11 時	十一點 chàp-it tiám ザブ イッ デャム	十一點	shí yī diǎn ス イ ディエン
12 時	十二點 chàp-jī tiám ザブ ジ デャム	十二點	shí èr diǎn ス ア ディエン

	＜台湾語＞	＜台湾華語＞
1月	正月 chiaⁿ--goe̍h ジャン グェッ	一月 yí yuè イ ユェ
2月	二月 jī--goe̍h ジ グェッ	二月 èr yuè ア ユェ
3月	三月 saⁿ--goe̍h サン グェッ	三月 sān yuè サン ユェ
4月	四月 sì--goe̍h シ グェッ	四月 sì yuè ス ユェ
5月	五月 gō--goe̍h ゴ グェッ	五月 wǔ yuè ウ ユェ
6月	六月 la̍k--goe̍h ラッ グェッ	六月 liù yuè リョ ユェ
7月	七月 chhit--goe̍h チッ グェッ	七月 qī yuè チ ユェ
8月	八月 peh--goe̍h ベッ グェッ	八月 bā yuè バ ユェ
9月	九月 káu--goe̍h ガウ グェッ	九月 jiǔ yuè ジョ ユェ
10月	十月 cha̍p--goe̍h ザプ グェッ	十月 shí yuè ス ユェ
11月	十一月 cha̍p-it--goe̍h ザプ イッ グェッ	十一月 shí yī yuè スイ ユェ
12月	十二月 cha̍p-jī--goe̍h ザプ ジ グェッ	十二月 shí èr yuè ス ア ユェ

19　日にち

<台湾語> 　　　　　　　　 <台湾華語>

1日	初一	chhe-it ツェ イッ	初一	chū yī ツゥ イ	一日	yí rì イ リ
2日	初二	chhe-jī ツェ ジ	初二	chū èr ツゥ ア	二日	èr rì ア リ
3日	初三	chhe-san ツェ サン	初三	chū sān ツゥ サン	三日	sān rì サン リ
4日	初四	chhe-sì ツェ シ	初四	chū sì ツゥ ス	四日	sì rì ス リ
5日	初五	chhe-gõ ツェ ゴ	初五	chū wǔ ツゥ ウ	五日	wǔ rì ウ リ
6日	初六	chhe-la̍k ツェ ラッ	初六	chū liù ツゥ リョ	六日	liù rì リョ リ
7日	初七	chhe-chhit ツェ チッ	初七	chū qī ツゥ チ	七日	qī rì チ リ
8日	初八	chhe-peh ツェ ベッ	初八	chū bā ツゥ バ	八日	bā rì バ リ
9日	初九	chhe-káu ツェ ガウ	初九	chū jiǔ ツゥ ジョ	九日	jiǔ rì ジョ リ
10日	初十	chhe-cha̍p ツェ ザプ	初十	chū shí ツゥ ス	十日	shí rì ス リ

注：日付を言うとき、「〜日」は台湾華語では「日」(rì) の代わりに口語では「號」
　　(hào) を使うこともできます。

＜台湾語＞ ＜台湾華語＞

月曜日	拜一	pài-it バイ イッ	星期一	xīng qí yī シン チ イ
火曜日	拜二	pài-jī バイ ジ	星期二	xīng qí èr シン チ ア
水曜日	拜三	pài-saⁿ バイ サン	星期三	xīng qí sān シン チ サン
木曜日	拜四	pài-sì バイ シ	星期四	xīng qí sì シン チ ス
金曜日	拜五	pài-gõ バイ ゴ	星期五	xīng qí wǔ シン チ ウ
土曜日	拜六	pài-la̍k バイ ラッ	星期六	xīng qí liù シン チ リョ
日曜日	禮拜	lé-pài レ バイ	星期日	xīng qí rì シン チ リ
	禮拜日	lé-pài-ji̍t レ バイ ジッ	星期天	xīng qí tiān シン チ ティエン

春	春天	chhun-thiⁿ ツゥン ティン	春	chūn ツゥン
夏	熱天	joa̍h-thiⁿ ジョアツ ティン	夏	xià シャ
	熱人	joa̍h--lâng ジョアツ ラン		
秋	秋天	chhiu-thiⁿ チュウ ティン	秋	qiū チョ
冬	寒天	kôaⁿ-thiⁿ グァン ティン	冬	dōng ドン
	寒人	kôaⁿ--lâng グァン ラン		

＜台湾語＞　　　　　　＜台湾華語＞

男性	查埔的 cha-po͘--ê ザ ポ エ	男人 nán rén ナン レン
女性	查某的 cha-bó͘--ê ザ ポ エ	女人 nǚ rén ニュィ レン
大人	大人 tōa-lâng ドゥア ラン	大人 dà rén ダ レン
子供	囡仔 gín-á ギン ア	小孩 xiǎo hái シャウ ハイ
男の子	查埔囡仔 cha-po͘ gín-á ザ ポ ギン ア	男孩 nán hái ナン ハイ
女の子	查某囡仔 cha-bó͘ gín-á ザ ポ ギン ア	女孩 nǚ hái ニュィ ハイ
友だち	朋友 pêng-iú ピン ユ	朋友 péng yǒu ポン ヨ
クラスメート	同學 tông-ha̍k ドン ハッ	同學 tóng xué トン シュエ
若い人	少年人 siàu-liân-lâng シャウ レン ラン	年輕人 nián qīng rén ニェン チン レン
お年寄り	老人 lāu-lâng ラウ ラン	老人 lǎo rén ラウ レン

22 職業

	＜台湾語＞	＜台湾華語＞
会社員	食頭路人 chiảh-thâu-lō͘-lâng ジャッ タウ ロ ラン	上班族 shàng bān zú サン バン ズゥ
公務員	公務員 kong-bū-oân ゴン ブ ゥァン	公務員 gōng wù yuán ゴン ウ ユェン
学生	學生 hȧk-seng ハッ シン	學生 xué shēng シュェ セン
店員	店員 tiàm-oân テャム ゥァン	店員 diàn yuán ティェン ユェン
運転手	運將 ùn-chiàng ウン ジャン	司機 sī jǐ ス ジ
医者	醫生 i-seng イ シン	醫生 yī shēng イ セン
同僚	同事 tông-sū ドン スゥ	同事 tóng shì トン ス
上司	頂司 téng-si ディン シ	上司 shàng sī サン ス
部下	部下 pō͘-hā ボ ハ	部下 bù xià ブ シャ
クライアント	客戶 kheh-hō͘ ケッ ホ	客戶 kè hù カ フ

<台湾語>　　　　　　　　<台湾華語>

父	阿爸	a-pa アバ	爸爸	bà ba ババ
母	阿母	a-bú アブ	媽媽	mā ma ママ
兄	阿兄	a-hiaⁿ ア ヒャン	哥哥	gē ge ガガ
姉	阿姐	a-chí ア ジ	姐姐	jiě jie ジェ ジェ
弟	小弟	sió-tī ショ ディ	弟弟	dì di ディ ディ
妹	小妹	sió-mōe ショ ムェ	妹妹	mèi mei メイ メイ
兄弟	兄弟	hiaⁿ-tī ヒャン ディ	兄弟	xiōng dì ション ディ
姉妹	姉妹	chí-bē〔mōe〕 ジ ベ〔ムェ〕	姐妹	jiě mèi ジェ メイ
親戚	親情	chhin-chiâⁿ チン ジャン	親戚	qīn qì チン チ

<台湾語>　　　　　　　　　　<台湾華語>

夫	翁	ang アン	丈夫	zhàng fū ザン フ
妻	某	bó͘ ボ	妻子	qī zi チ ズ
息子	後生	hāu-seⁿ ハウ セン	兒子	ér zi ア ズ
娘	查某囝	cha-bó͘-kiáⁿ ザ ボ ギャン	女兒	nǚ ér ニュイ ア
祖父〔父方〕	阿公	a-kong ア ゴン	爺爺	yé ye イエ イエ
祖父〔母方〕	外公	gōa-kong グァ ゴン	外公	wài gong ワイ ゴン
祖母〔父方〕	阿媽	a-má ア マ	奶奶	nǎi nai ナイ ナイ
祖母〔母方〕	外媽	gōa-má グァ マ	外婆	wài pó ワイ ボ

25 体、顔

<table>
<tr><th></th><th colspan="2">＜台湾語＞</th><th colspan="2">＜台湾華語＞</th></tr>
<tr><td>頭</td><td>頭殻</td><td>thâu-khak
タゥ カッ</td><td>頭</td><td>tóu
トウ</td></tr>
<tr><td>顔</td><td>面</td><td>bīn
ビン</td><td>臉</td><td>liǎn
リェン</td></tr>
<tr><td>のど</td><td>嚨喉</td><td>nâ-âu
ナ アウ</td><td>喉嚨</td><td>hóu lóng
ホ ロン</td></tr>
<tr><td>胸</td><td>胸坎</td><td>heng-khám
ヒン カム</td><td>胸口</td><td>xiōng kǒu
ション コウ</td></tr>
<tr><td>腹</td><td>腹肚</td><td>pak-tó͘
バッ ド</td><td>肚子</td><td>dù zi
ドゥ ズ</td></tr>
<tr><td>背中</td><td>尻脊骿</td><td>kha-chiah-phia^n
カッ ジャッ ピャン</td><td>背</td><td>bèi
ベイ</td></tr>
<tr><td>手</td><td>手</td><td>chhiú
チュ</td><td>手</td><td>shǒu
ソウ</td></tr>
<tr><td>足</td><td>跤</td><td>kha
カ</td><td>腳</td><td>jiǎo
ジャウ</td></tr>
<tr><td>目</td><td>目睭</td><td>ba̍k-chiu
バッ ジュ</td><td>眼睛</td><td>yǎn jīng
イェン ジン</td></tr>
<tr><td>歯</td><td>喙齒</td><td>chhùi-khí
ツウィ キ</td><td>牙齒</td><td>yá chǐ
ヤ ツ</td></tr>
</table>

26 病気、トラブル、災害

<台湾語>　　　　　　　　<台湾華語>

風邪	感冒	kám-mõ ガム モ	感冒	gǎn mào ガン マウ
発熱	發燒	hoat-sio ホアッ ショ	發燒	fā shāo ファ サウ
薬	藥仔	ióh-á ヨッ ア	藥	yào ヤウ
血液型	血型	hoeh-hêng フェッ ヒン	血型	xuě xíng シュエ シン
泥棒	賊仔	chhát-á ツァッ ア	小偷	xiǎo tōu シャウト
地震	地動	tē-tāng テ ダン	地震	dì zhèn ディ ゼン
火事	火燒厝	hóe-sio-chhù ホエ ショ ツゥ	火災	huǒ zāi フォ ザイ
救急車	救護車	kiù-hō-chhia ギュウ ホ チャ	救護車	jiù hù chē ジョ フ ツェ
日本大使館	日本大使館 Jit-pún tāi-sài-koán ジッ ブン ダイ サイ グアン		日本領事館 Rì běn lǐng shì guǎn リ ベン リン ス グアン	

27　領収書・伝票などで使われる文字

	＜台湾＞	＜中国＞	＜日本＞
1	壹	壹	壱
2	貳	贰	弐
3	參	叁	参
4	肆	肆	四
5	伍	伍	五
6	陸	陆	六
7	柒	柒	七
8	捌	捌	八
9	玖	玖	九
10	拾	拾	拾
100	佰	佰	百
1,000	仟	仟	千
10,000	萬	万	萬
100,000,000	億	亿	億
お金の単位	圓	圆	円

著者
趙怡華（ザゥ・イーファー）
東京外国語大学院修士課程修了。韓国延世大学語学堂、アメリカEWU、スペインなどに短期留学を終えて、現在は中国語・台湾語の通訳人。通訳業の傍ら、音楽、放送、漫画など多様な翻訳作業に携わっている。台湾情報誌「な～るほど・ザ・台湾」（台湾文摘股份有限公司）にて「いーふぁ老師の知って得する！ひとこと台湾語」連載など。
著書：『新版はじめての台湾語』『たったの72パターンでこんなに話せる台湾語会話』『台湾語会話フレーズブック』『絵でわかる台湾語会話』『たったの72パターンでこんなに話せる中国語会話』『中国語会話フレーズブック』（以上、明日香出版社）、『やさしい台湾語カタコト会話帳』（すばる舎）、『中華電影的北京語』（キネマ旬報社）など。

監修者
陳豐惠（ダン・ホンフィ）
財団法人李江却台語文教基金会執行長、長老教会総会台湾族群母語推行委員会台語専員、社団法人台湾ローマ字協会理事、馬偕医学院等の台湾語講師などを務める。映画・テレビ・舞台劇などの台湾語指導者としても活躍中。

台湾語が1週間でいとも簡単に話せるようになる本

2024年7月17日　初版発行

著　者	趙怡華
監修者	陳豐惠
発行者	石野栄一
発　行	明日香出版社

〒112-0005 東京都文京区水道2-11-5
電話 03-5395-7650
https://www.asuka-g.co.jp

カバーデザイン	株式会社ヴァイス　目黒眞
本文デザイン	末吉喜美
本文イラスト	みのも けいこ
印刷・製本	株式会社フクイン

たったの 72 パターンで
こんなに話せるフィリピン語会話

佐川 年秀

「〜はどう？」「〜だといいね」など、決まった基本パターンを使い回せば、フィリピン語で言いたいことが言えるようになります！　好評既刊の『72パターン』シリーズの基本文型をいかして、いろいろな会話表現が学べます。

本体価格 1800 円＋税　B6 変型　〈216 ページ〉　2017/05 発行　978-4-7569-1904-5

たったの 72 パターンで
こんなに話せる韓国語会話

李 明姫

日常会話でよく使われる基本的なパターン（文型）を使い回せば、韓国語で言いたいことが言えるようになります！　まず基本パターン（文型）を理解し、あとは単語を入れ替えれば、いろいろな表現を使えるようになります。

本体価格 1800 円＋税　B6 変型　〈216 ページ〉　2011/05 発行　978-4-7569-1461-3

たったの 72 パターンで
こんなに話せる台湾語会話

趙 怡華

「〜したいです」「〜をください」など、決まったパターンを使い回せば、台湾語は誰でも必ず話せるようになる！　これでもうフレーズ丸暗記の必要ナシ。言いたいことが何でも言えるようになります。台湾語と台湾華語（公用語）の 2 言語を併記。

本体価格 1800 円＋税　B6 変型　〈224 ページ〉　2015/09 発行　978-4-7569-1794-2

たったの 72 パターンで こんなに話せるイタリア語会話

ビアンカ・ユキ
ジョルジョ・ゴリエリ

「～はどう？」「～だといいね」など、決まったパターンを使い回せば、イタリア語は誰でも必ず話せるようになる！　これでもうフレーズ丸暗記の必要ナシ。この 72 パターンを覚えれば、言いたいことが何でも言えるようになります。

本体価格 1800 円＋税　B6 変型　〈224 ページ〉　2010/07 発行　978-4-7569-1397-5

たったの 72 パターンで こんなに話せるフランス語会話

小林 知子
エリック・フィオー

「～はどう？」「～だといいね」など、決まったパターンを使い回せば、フランス語は誰でも必ず話せるようになる！　これでもうフレーズ丸暗記の必要ナシ。この 72 パターンを覚えれば、言いたいことが何でも言えるようになります。

本体価格 1800 円＋税　B6 変型　〈224 ページ〉　2010/08 発行　978-4-7569-1403-3

たったの 72 パターンで こんなに話せるスペイン語会話

欧米・アジア語学センター
フリオ・ルイス・ルイス

日常会話でよく使われる基本的なパターン（文型）を使い回せば、スペイン語で言いたいことが言えるようになります！　まず基本パターン（文型）を理解し、あとは単語を入れ替えれば、いろいろな表現を使えるようになります。

本体価格 1800 円＋税　B6 変型　〈224 ページ〉　2013/02 発行　978-4-7569-1611-2

イタリア語会話フレーズブック

ビアンカ・ユキ
ジョルジョ・ゴリエリ

日常生活で役立つイタリア語の会話フレーズを
2900 収録。状況別・場面別に、よく使う会話表
現を掲載。海外赴任・留学・旅行・出張で役立つ表
現も掲載。あらゆるシーンに対応できる、会話表現
集の決定版！

本体価格 2800 円＋税　B6 変型　〈360 ページ〉　2007/03 発行　978-4-7569-1050-9

フランス語会話フレーズブック

井上 大輔／エリック・フィオー
井上 真理子

フランス好きの著者と、日本在住のフランス人がま
とめた、本当に使えるフランス語会話フレーズ集！
基本的な日常会話フレーズだけでなく、読んでいる
だけでためになるフランス情報ガイド的な要素も盛
り込みました。

本体価格 2800 円＋税　B6 変型　〈416 ページ〉　2008/01 発行　978-4-7569-1153-7

スペイン語会話フレーズブック

林 昌子

日常生活で役立つスペイン語の会話フレーズを
2900 収録。状況別に、よく使う会話表現を掲載。
スペイン語は南米の国々でも使われています。海外
赴任・留学・旅行・出張で役立つ表現も掲載。あら
ゆるシーンに対応できる会話表現集の決定版！

本体価格 2900 円＋税　B6 変型　〈408 ページ〉　2006/05 発行　978-4-7569-0980-0

ドイツ語会話フレーズブック

岩井 千佳子
アンゲリカ・フォーゲル

日常生活で役立つドイツ語の会話フレーズを2900収録。状況別に、よく使う会話表現を掲載。海外赴任・留学・旅行・出張で役立つ表現も掲載。カードに添える言葉、若者言葉なども紹介しています。

本体価格 2900 円＋税　B6 変型　〈400 ページ〉　2006/02 発行　4-7569-0955-8

韓国語会話フレーズブック

李 明姫

日常生活で役立つ韓国語の会話フレーズを2900収録。状況別・場面別に、よく使う会話表現を掲載。近年、韓国を訪れる日本人が増えています。海外赴任・留学・旅行・出張で役立つ表現も掲載。あらゆるシーンに対応できる、会話表現集の決定版！

本体価格 2800 円＋税　B6 変型　〈464 ページ〉　2005/06 発行　978-4-7569-0887-2

台湾語会話フレーズブック

趙怡華：著
陳豐惠：監修

好評既刊『はじめての台湾語』の著者が書いた、日常会話フレーズ集です。シンプルで実用的なフレーズを場面別・状況別にまとめました。前作と同様、台湾の公用語と現地語（親しい人同士）の両方の表現を掲載しています。様々なシーンで役立ちます。

本体価格 2900 円＋税　B6 変型　〈424 ページ〉　2010/06 発行　978-4-7569-1391-3

中国語会話フレーズブック

趙 怡華

日常生活で役立つ中国語の会話フレーズを 2900 収録。状況別・場面別に、よく使う会話表現を掲載。海外赴任・留学・旅行・出張で役立つ表現も掲載。あらゆるシーンに対応できる、会話表現集の決定版！

本体価格 2800 円＋税　B6 変型　〈468 ページ〉　2005/06 発行　978-4-7569-0886-5

ロシア語会話フレーズブック

岩切 良信

日常生活で役立つロシア語の会話フレーズを 2900 収録。状況別・場面別に、よく使う会話表現を掲載。海外赴任・留学・旅行・出張で役立つ表現も掲載。手紙の書き方なども紹介しています。

本体価格 3000 円＋税　B6 変型　〈352 ページ〉　2005/08 発行　978-4-7569-0905-3

ポルトガル語会話フレーズブック

カレイラ松崎順子／フレデリコ・カレイラ

日常生活で役立つ会話フレーズを約 2900 収録。状況別に、よく使う会話表現を掲載。海外赴任・留学・旅行・出張で役立つ表現も掲載。本書では、ブラジルのポルトガル語とヨーロッパのポルトガル語の両方の表現を掲載しています。

本体価格 2900 円＋税　B6 変型　〈336 ページ〉　2006/12 発行　978-4-7569-1032-5